Liebe der neuen Zeit,
aha!

Leilani
Tanja Alexa Holzer

atlantisenergie.com
wortfeger.ch

wortfeger.ch

Druck: Libri Plureos GmbH, Friedensallee 273,
22763 Hamburg

ISBN: 978-3-03923-071-6
Februar 2023

Die Deutsche und Schweizer Nationalbibliotheken
verzeichnen diese Publikation in der Nationalbibliografie;
detaillierte bibliografische Daten abrufbar auf:
www.dnb.de und www.nb.admin.ch

AHA!

Minimalistisch konzentriert, mit allem, was Sie zu einem gestimmten Thema wissen sollten – so sind Wortfegers ***aha!***-Publikationen. Ideal, um maximal viel wertvolles Wissen in möglichst wenig kostbarer Zeit zu tanken.

«Blabla» und künstlich in die Länge ziehen?
Das kann jeder.
aha! sind gebündelte Informationen leicht verständlich serviert. Voilà.

In diesem Sinn wünsche ich Ihnen wegweisende, berührende Erkenntnisse mit ***aha!***

Sonnige Grüsse vom buchverrückten Wortfeger
Tanja A. Holzer

Leilani

Dieses Buch über die Liebe der neuen Zeit verfasste ich gemeinsam mit Leilani. Sie ist eine Schweizer Schamanin und Energetikerin auf der kanarischen Vulkaninsel Lanzarote.
Mich fasziniert, wie sie Wissen einfängt, Energien spürt und lenkt. Sie half mir mit ihrer Energiearbeit entscheidend durch eine umwälzende Lebensphase. Mehr Informationen über Leilani und ihre Arbeit finden Sie auf ***atlantisenergie.com***.
Was Leilani über die Liebe der neuen Zeit weiss, finde ich berührend und beeindruckend. Wenn in den weiteren Kapiteln aus der Ich-Perspektive erklärt wird, so sind dies Leilanis Worte.

WICHTIG:
Bitte zögern Sie nicht, sich Hilfe bei einer Fachperson zu holen, wenn Sie sich mit einem Thema alleine nicht zurechtfinden oder es tiefer aufarbeiten möchten.
Dieses Buch ersetzt keinerlei Konsultation.

Inhaltsverzeichnis ab Seite 101

Wiederholungen

«Nicht schon wieder ...» – «Doch!»
Informationen wiederholen sich in diesem Buch teilweise neu, anders formuliert. Das ist gewollt, um ihre Wichtigkeit und die Verflechtung der Themen untereinander aufzuzeigen. Ich empfehle eindringlich, solche Wiederholungen nicht einfach zu überlesen, sondern mit jeder Erwähnung zu verinnerlichen.
Wir Menschen wurden über eine undenklich lange Zeit von Egoliebe und Machtspielen gesteuert. Wie eine Programmierung wirken die Erfahrungen und Prägungen aus der eigenen Kindheit, aber auch aus unserer Ahnenreihe bis heute in uns weiter. Deshalb ist es wichtig, diese Programme umzukehren.
Programmierung entsteht durch emotional aufgeladene Wiederholung. Die Neuprogrammierung im Sinne der neuzeitlichen Liebe ebenfalls. Bitte lesen Sie also mit offenem Herzen weiter, wenn Ihnen informative Wiederholungen auffallen. Sie wirken wie ein Mantra. Saugen Sie sie in sich auf, so oft, tief und bunt Sie können.

Geschlechtsneutral

Dieses Buch ist geschlechtsneutral. Ich gendere nicht, da dies den Lese- und Energiefluss empfindlich stören würde. Klar ist, dass ALLE erwachsenen MENSCHEN

gemeint sind. Wenn ich von Partnerschaft und Beziehung schreibe, meine ich alle Kombinationen.
Wer bereits über das fehlende Gendersternchen stolpert, sollte das Buch weglegen oder verschenken. Das, was wir über Liebe wissen, spüren, beobachten, leben und somit in diesem Buch schreiben, beinhaltet für viele Menschen weit mehr Stolpersteine als nur ein Gendersternchen.

Sexuelle Orientierung

Welche sexuelle Orientierung Sie bevorzugen, ist für die Lektüre zwar nicht unerheblich, aber auch nicht grundlegend entscheidend. Eine asexuelle Person kann mit den Aussagen rund um Sexualität wenig anfangen. Doch ist auch eine asexuelle Person nicht zwingend beziehungslos. Ob pansexuell, asexuell, bisexuell oder aromantisch: Dieses Buch ist für alle, die wirklich lieben möchten.
Komplett ausgeschlossen sind Menschen, die sich sexuell zu Kindern, Tieren und Gewalt hingezogen fühlen. Diese Personen sind krass triebgesteuert. Das zwanghafte Ausleben eines Triebes ist nur möglich, wenn ein Mensch komplett unbewusst ist. Und dann ist er (noch) sehr weit entfernt von der Liebe der neuen Zeit.

Liebe? Liebe!

Liebe hat wie eine Farbe unzählige Nuancen. Wenn wir von Liebe sprechen, meinen wir meistens das Gefühl Liebe. Wir lieben jemanden oder etwas. Wir sind verliebt ... Allein diese zielgerichtete Liebe gibt es in verschiedenen Gewändern.

Paradox, dass die Liebe sich in so vielen unterschiedlichen Aspekten zeigen kann und es doch nur ein einziges Wort dafür gibt. Wer feinfühlig ist, kann diese verschiedenen Nuancen der Liebe energetisch spüren und/oder in den Augen der Mitmenschen sehen.

Liebe ist auch ein Seinszustand. Wir können Liebe sein. Meditierende wissen, was gemeint ist. Der Seinszustand der Liebe ist nicht dauerhaft, ausser wir sind erleuchtet. Sind wir Liebe, werden Partnerschaften hinfällig. Eine erleuchtete Person braucht kein Gegenüber, das sie lieben kann. Sie ist Liebe. Aus Freude am Spiel lebt sie vielleicht doch in einer Partnerschaft, verliert jedoch alle Bedürftigkeit.

Der Seinszustand der Liebe ist die übersprudelnde Freude nach der Erkenntnis, wer wir wirklich sind. An diesem Punkt angekommen, spüren wir den grossen Wunsch, dieses liebende Sein zu teilen. Die hochfrequente Liebe ist also keine Beziehung, auch kein Gefühl, nein, es ist ein Zustand des einheitlichen Seins.

«Liebe zu ...» ist leidenschaftlich, oft feurig, hüpfend, aufwühlend, «zieht hin zu ...», verlangend. Der Seinszustand der Liebe ist ruhig, beständig, nährend, absolut gelassen und nicht fordernd, Akzeptanz und Hingabe. Dieser allumfassende Seinszustand der Liebe ist bereits

in uns. Wir müssen nur wegschieben, was uns den Weg zu ihm versperrt. Dieses Aufräumen der Hindernisse kann ein Leben lang dauern. Oft reicht ein Leben auch nicht.
Solange wir nicht erleuchtet sind, rutschen wir immer wieder aus diesem einheitlichen Sein in die Dualität, in das Getrenntsein. Sind wir wieder vom Seinszustand der Liebe getrennt, so sind Bedürftigkeit und Sehnsucht nach einem Du wieder möglich.
Da die wenigsten von uns erleuchtet sind, suchen wir nach der Person, die wir lieben und die uns liebt. Wir suchen also nach der Erfüllung des Gefühls.
In diesem Buch sprechen wir hauptsächlich über das Gefühl der Liebe, nicht über den Seinszustand.

Es geht um dich!

Eine Mentorin sagte mir nachdrücklich diese Worte: «Es geht um dich!»
Ich, Leilani, habe viel darüber meditiert – und ja, genau das ist es. Damit ist nicht die Egoliebe gemeint, dass man rücksichtslos einfach für sich selbst schauen soll. Nein. Vielmehr geht es darum, dass alles im Leben eine Botschaft für mich beinhaltet. Auch oder vor allem in einer Partnerschaft. Was unsere geliebte Person tut oder eben unterlässt, zeigt mir, wo ich mit meinen Themen stehe.
Was habe ich noch zu lernen?
Kann ich bei mir bleiben oder verbiege ich mich gerade?

Tue ich etwas «um zu ...»?
Oder tue ich es aus meiner Freude?
Alles, was Ihnen begegnet, trägt eine Botschaft in sich – perfekt für Sie zugeschnitten. Alles.
Sie begegnen einem beziehungsunfähigen Traumprinzen? Warum ist genau er Ihr Traumprinz, wenn er doch beziehungsunfähig ist? Was hat das mit Ihnen zu tun? Aufgrund welcher Themen sind Sie vielleicht selbst (noch) beziehungsunfähig?
Sie verstehen, worauf ich hinauswill.
Grundsätzlich können Sie in jeder Situation nach der Botschaft fragen. Gerade Umstände, die Ihnen speziell auffallen, sind meistens besonders relevant. Grundsätzlich hat aber jede Situation in Ihrem Leben mit Ihnen zu tun. Sonst würde sie Ihnen nicht begegnen. So einfach ist die Logik des Lebens.
«Was hat das mit mir zu tun?» Um sich dieser Frage tatsächlich im turbulenten Alltag zu stellen, ist Achtsamkeit nötig. Taucht die Frage auf, so ist auch die Antwort nicht weit. Entweder spricht eine nächste Situation symbolträchtig oder Ihnen fällt die Botschaft im richtigen Moment ein. Vertrauen Sie darauf.
Die Antworten treffen immer ein. Fraglich ist, ob wir achtsam genug sind, um sie auch zu erkennen.
So logisch und funktional ist das Leben.
In einer weiteren Form geht es um Sie: Liebe ist jederzeit in Ihnen – allgegenwärtig und umfassend. Ein berührendes Ereignis wie ein malerischer Sonnenaufgang oder ein geliebter Mensch kann in Ihnen diese Liebe wecken. Wecken – nicht geben! Denn die Liebe ist bereits in Ihnen. Warum «brauchen» Sie etwas oder jemanden dazu? Sie können die Liebe auch bewusst selbst in sich

anstossen. Meditieren Sie für dieses Gefühl oder erschaffen Sie in Ihrem Leben Situationen, die in Ihnen Liebe wecken. Setzen Sie sich auf einen Berg oder ans Meer oder lauschen Sie berührende Musik. Wie auch immer: Sie schaffen das.
Allein dies in aller Konsequenz zu wissen und zu spüren, kann unglaublich befreiend sein.

Das innere Kind

Dieses Kapitel ist für das weitere Verständnis der Liebe grundlegend relevant. Vieles, wenn nicht beinahe alles, was in einer Beziehung schieflaufen kann, hat mit unserem inneren Kind zu tun.
Wir alle waren ein Kind, das mehr oder weniger viele Verletzungen erlebte. Alleingelassen, kritisiert, (v)erzogen ... das ist normal, hinterlässt aber unweigerlich Spuren. Dies geschieht, auch wenn Eltern ihr Bestmögliches geben, und soll keinesfalls ein Vorwurf in diese Richtung sein. Auch eine glückliche Kindheit hinterlässt Kerben.
Die Prägungen unserer Kindheit begleiten uns bis ins Erwachsenenleben. Je näher, intensiver eine Beziehung wird, desto mehr wird dieses «innere Kind» in uns erneut angesprochen. Plötzlich reagiert ein erwachsener Mensch komplett kindisch, macht aus einer Mücke einen Elefanten, trotzt, zickt und benimmt sich unverhältnismässig. Solche Reaktionen tauchen aus unserem Innersten auf, wenn wir an eine Kindheitsprägung

erinnert werden. Unser verletztes inneres Kind «springt» dann quasi an, das Erlebnis bohrt in einer alten Wunde und es reagiert darauf oft unkontrolliert. Es kann sehr impulsiv und unüberlegt aus seinem Schlummer auffahren und um sich schlagen, kindlich eben.

Natürlich lebt in uns nicht tatsächlich ein Kind. Doch das Bild ist sehr treffend dafür, was mit uns geschieht. Ich weiss nicht, wer den Begriff «inneres Kind» als Erstes nannte. Vielleicht war es Stefanie Stahl mit ihrem Buch «Das Kind in dir muss Heimat finden» oder auch Michael Begelspacher spricht auf seinem YT-Kanal ausführlich darüber. Passend ist der Begriff. Denn Situationen von heute erinnern uns plötzlich an Verletzungen von damals – und schon werden wir zurück in eine emotionale Hölle der Kindheit katapultiert. Dieser Auslöser, auch Trigger genannt, trifft uns oft unbewusst und genauso unbewusst reagieren wir darauf. Das macht die Reaktion derart unkontrolliert.

Klar ist, dass ein solches Aufbrausen unseres inneren Kindes gegenüber unseren Mitmenschen nicht gerade fair ist. Sie bekommen überschäumende Emotionalität zu spüren, die grundsätzlich überhaupt nichts mit ihnen zu tun hat – sondern mit unserer eigenen Vergangenheit. Wenn wir uns mit dem inneren Kind beschäftigen und seine Verletzungen heilen, harmonisieren wir also unsere Beziehungen und in erster Linie unsere Partnerschaft.

Wir müssen verstehen, dass dieses innere Kind quasi ein Eigenleben führt – unabhängig von unserem derzeitigen Erwachsenen-Ich. Es lebt tatsächlich noch in der Vergangenheit und seine unbewussten Reaktionen sind sehr kindlich. Dennoch ist es so mächtig, dass seine

Emotionen unser erwachsenes Ich übermannen können. Ist ein Trigger erfolgreich, so übernimmt unser inneres Kind die Herrschaft über unser System.

Freundschaft mit dem inneren Kind

Was ist die Lösung? Achtsamkeit. Wenn wir spüren, dass unser inneres Kind getriggert wird, hilft es, tief durchzuatmen. Lieber sich einmal mehr zurückziehen, wieder zu Bewusstsein finden, sich klarmachen, was gerade abgeht – bevor wir unsere überschäumenden kindlichen Emotionen unverhältnismässig über unseren Partner oder unser Gegenüber ergiessen.

Die Lösung liegt tatsächlich darin, mit dem eigenen inneren Kind Freundschaft zu schliessen. Bringen Sie die Liebe, Geduld und den Willen auf, Ihr inneres verletztes Kind wahrhaftig mit allen Schatten kennenzulernen. Finden Sie heraus, wie es sich fühlt, wann es wie reagiert und was es in solchen Triggermomenten von Ihnen braucht. Je besser Sie Ihr inneres Kind kennen und verstehen, desto weniger Macht hat es und richtet so in Ihren Beziehungen weniger Schaden an. Richtig, das verletzte innere Kind sabotiert nicht nur unsere Partnerschaft, sondern alle näheren Beziehungen: zu Eltern, Geschwistern, Verwandten, Freunden und Feinden.

Sollten wir also unserem inneren Kind grosszügig seinen Willen und die Führung überlassen? Nein! Schon gar nicht dann, wenn es verletzt und traumatisiert ist, aber auch später nicht, wenn es immer mehr heilen durfte. Unser inneres Kind bleibt ein «Kind». Es ist Zeit, dass wir selbst wirklich erwachsen werden und die Führung übernehmen. Dies tun wir, wenn wir einen Schritt zurücktreten und in die Beobachterposition wechseln. Von dort aus können wir achtsam die Situation wahrnehmen. Als Erwachsene bleiben wir handlungsfähig. Sind wir jedoch mit dem verletzten inneren Kind identifiziert, sind wir emotionsgesteuert und strampeln. Wir alle kennen solche Momente, in denen wir aus überwältigenden Emotionen überreagieren und dies nachher bereuen.

Nehmen wir also jeden Morgen die Führung über unser Leben selbst in die Hand und geleiten als Erwachsene unser inneres Kind liebevoll, fürsorglich durch den Tag. Garantiert wird es zu Beginn mehrfach täglich getriggert und will reaktiv «anspringen». Bleiben wir jedoch konsequent in der Beobachter- und Führungsposition, entwickelt sich eine bereichernde Freundschaft zwischen Ihnen und Ihrem inneren Kind.

Das Thema «Inneres Kind» wird uns im Buch weiterhin begleiten, da es so wichtig und entscheidend für eine funktionierende Partnerschaft ist.

Fragen:

- In welchen Situationen werden die alten Verletzungen meines inneren Kindes deutlich?
- Welche Überreaktionen beobachte ich dann an mir?
- An welchen Merkmalen erkenne ich, wenn ich aus meinem inneren Kind heraus reagiere?

Das verliebte innere Kind

Über die Jahre trainieren wir uns geschickt diverse Strategien an, um unser inneres Kind zu schützen. Unser Erwachsenen-Ich weiss: Die Verantwortung für Verletzung sowie Glück liegt in der eigenen Hand.
Wenn zwei – ich sage es ungeschminkt – «unreife» Menschen sich verlieben, so beginnt ein Seilziehen. Antrainierte Mechanismen geraten in Gang und die Erwartung, dass die Bedürfnisse dieses inneren Kindes ENDLICH erfüllt werden, stören die harmonische Zweisamkeit. Im Grunde treffen zwei Erwachsene und zwei Kinder aufeinander – ein ungesundes Vierergespann in zwei Personen. Denn das verletzte innere Kind sucht im Gegenüber endlich die Bestätigung, die Liebe und den Zuspruch, die es von seinen Eltern so schmerzlich vermisste! Das verliebte, verletzte innere Kind sucht also in seiner Bedürftigkeit eher nach einer Elternfigur statt nach einem ebenbürtigen Partner. So eine Konstellation muss irgendwann an der Mauer der Realität zerbrechen. Die Partnerschaft wird langfristig keinen Bestand haben.
Warum verlieben sich zwei verletzte innere Kinder so oft ineinander? Weil die Anziehungskraft fast magisch ist, wenn zwei ähnliche Wunden aufeinandertreffen. Ein verletztes inneres Kind spiegelt das andere und beide fühlen sich verstanden. Ja, vielleicht keimt sogar ein Gefühl der Seelenverwandtschaft auf. Wir suchen im anderen so dringend, was in uns fehlt. Zwei Wesen, die im Mangel stecken, treffen aufeinander in der Hoffnung, dass dieses Manko endlich geheilt wird. Dieser gemeinsame Heilungsweg verlangt jedoch grosse Bereitschaft,

Offenheit und Bewusstheit. Mehr darüber lesen Sie in den folgenden Kapiteln.
Eine Dynamik aus enttäuschten Erwartungen und berührten Wunden schleicht sich meist nach der ersten Verliebtheit in eine Beziehung. Sie schaukelt sich hoch und irgendwann mündet sie vermutlich in der Trennung. Doch eigentlich war das Paar schon immer getrennt! Denn es trafen zwei Menschen aufeinander, die in sich selbst noch uneins waren und die vom jeweils anderen erwarteten, geheilt zu werden. Der Versuch, den anderen zu missbrauchen, um die kindliche Wunde des Ungeliebtseins zu überdecken oder um eine innere Leere mit der Aufmerksamkeit des anderen aufzufüllen, muss scheitern. Eine erfüllende Erfahrung der Verschmelzung ist so nicht möglich.
Erst wenn die Erwachsenen die Verantwortung für ihr inneres Kind übernehmen, kann eine Partnerschaft auf Augenhöhe wirklich gelingen. Dann sorgen beide achtsam für ihr eigenes verletztes inneres Kind. Es werden keine Erwartungen an den anderen gestellt, die er so eh nicht erfüllen kann – denn der andere ist nicht unser Vater oder unsere Mutter und wird es auch niemals sein. Übernehmen beide Erwachsenen diese Verantwortung, bleibt das Seilziehen der Bedürftigkeit aus. Harmonie darf gelebt werden. Erst ab dann sind 1 plus 1 nicht mehr minus 2, Drama und Chaos, sondern 1 plus 1 resultieren in einer 3. Richtig, aus zwei Liebenden darf etwas Drittes entstehen: eine liebevolle Partnerschaft, ein gutes Team, eine echte Bereicherung.

Fragen:

- In welcher Partnerschaft ergab das Zusammensein ein Minus?
- Wie sah dieses Minus aus?
- Mit welchem Grundgefühl würde ich diese Partnerschaft beschreiben?

DAS GÖTTLICHE KIND

Das göttliche Kind ist auch ein inneres. Ist es gerade aktiv, so benehmen wir uns nicht kindisch, sondern tatsächlich göttlich: liebend, wissend, spielend, schöpferisch. Das göttliche Kind liebt es zu spielen! Es möchte durch die Welt turnen oder tanzen und alles entdecken. Ob es nun weh tut oder nicht. Egal! Die Erfahrung zählt. Denn das göttliche Kind weiss, dass genau dies der Lebenssinn ist: Erfahrungen im Spiel des Lebens zu sammeln.

«Was würde Gott jetzt tun?» – Diese Frage hilft, in eine hohe, wohlwollende, liebende Energie zu finden. Ob uns die Antwort darauf gefallen wird, ist nicht garantiert. Vielleicht würde Gott im Moment gar nichts tun, sondern in Liebe beobachten, was geschehen möchte. Vielleicht würde Gott oder eben unser göttliches Kind lieber den «Feind» umarmen, als ihm den Sandeimer über den Kopf zu ziehen.

Das göttliche Kind kennt kein Ego, kein Verurteilen, keine Machtspiele und keinen Trotz. Nein, es kennt nicht

einmal die Vergangenheit oder die Zukunft. Angst? Sorgen? Kennt es nicht. Das göttliche Kind erscheint nicht aufgrund eines Triggers, sondern es ist vielmehr unsere wahre, seelische Natur. Komplett erwacht, liebevoll beobachtend und mit übersprudelnder Freude nimmt es alles an, was das Leben ihm vor die Füsse rollt.
Vielleicht ist das göttliche Kind der Gegenpol unseres inneren Kindes. Ersteres schwingt hoch und ist frei, Letzteres ist gesteuert von Mustern und Prägungen und reagiert auf sie alle wie eine Marionette.
Mit Übung, Meditation und der bewussten Entscheidung können wir in die Energie unseres eigenen göttlichen Kindes eintauchen – und ihm den Raum geben, unser Leben zu bereichern.

Fragen:

- Kenne ich mein göttliches inneres Kind?
- In welcher Situation durfte ich es spüren?
- Wie fühlt es sich an?

DIE GROSSE LIEBE

Die grosse Liebe des Menschen ist nicht menschlich. Jeder Einzelne ist mit seiner grossen Liebe stets verbunden – mit dem Teil seiner selbst, der nicht menschlich, sondern energetisch ist. Wir sind im Grunde stets auf der Suche nach dem Verschmelzungsgefühl mit diesem seelischen, geistigen Part von uns selbst. Dieses Gefühl

ist wie «Heimat», darin finden wir Ruhe, Kraft, unendliche Beständigkeit und Liebe.
Auf körperlicher Ebene sind Trennung und Spaltung gewünscht, denn sie lassen uns erst Erfahrungen sammeln. Auf geistig-seelischer Ebene ist diese Trennung eine Illusion. Wir sind immer EINS – in jedem Augenblick verbunden mit unserer grossen Liebe.
Die grosse Liebe auf menschlicher Ebene ist demnach mit jemandem möglich, der uns nahe an dieses Gefühl der Einheit erinnert. Dies kann auf verschiedene Weise geschehen, auch durch Konflikte und Lernlektionen.
Je näher wir uns der Verschmelzung mit unserem geistigen Part nähern, desto leichter und spielerischer können wir eine Partnerschaft leben. Denn dann fühlen wir uns immer zuhause, was die Erwartungen an unseren Partner gehörig minimiert. Je weniger wir von unserem Partner erwarten, desto freier und offener kann uns dieser begegnen und lieben. Er darf dann so sein, wie er ist. Und so authentisch ist er bei uns immer willkommen. Er kann sozusagen keine Fehler machen, weil er immer richtig ist. Fühlen wir uns jederzeit geistig verbunden, so liegen uns Bewertungen und Erwartungen fern.
Partnerschaft = Liebe? Liebe = Partnerschaft?
Natürlich nicht. Nicht jeder lebt in einer Partnerschaft, der wahrhaftig liebt. Und nicht alle in partnerschaftlicher Bindung lieben tatsächlich. Die Partnerschaft ist ein Spielfeld der Liebe, aber nicht die Liebe selbst.

Fragen:

- Kenne ich meine grosse Liebe?
- Wann spüre ich die Verbindung zu ihr besonders?

FÜGUNG

Die Liebe der neuen Zeit ist vor allem an ihrer Leichtigkeit zu erkennen. Hoch schwingende Liebe ist lichtvoll, leicht und freudig. Tief schwingende «Liebe» ist beherrschend, steuernd, kontrollierend, kämpferisch und schwer.

Wenn wir es zulassen, so darf sich alles in unserem Leben richtig fügen. Wenn wir die Hindernisse beiseite räumten, passt plötzlich alles in verblüffender Leichtigkeit zusammen. Kampf und Krampf verschwinden in diesem Moment der Fügung. Das Leben spricht überdeutlich zu uns mit Übereinstimmung.

Verwechseln Sie diesen magischen Wink der Übereinstimmung nicht mit der universellen Lösung für (fast) alles. Auch wenn sich alles scheinbar plötzlich fügt und Sie die Sprache des Lebens wahrnehmen, heisst das nicht, dass sämtliche Probleme gelöst sind und aus dieser Fügung nur Sonnenschein resultieren wird. Es heisst nur, dass wir zur richtigen Zeit am richtigen Ort sind, um genau dies zu erleben.

Der Moment der Fügung erinnert an ein Puzzle, wenn sich zwei Teile ineinanderfügen, weil die Vorarbeit stimmte. Um ein Puzzle zu spielen, müssen wir es erst auspacken, dann sortieren wir die Teilchen und verschaffen uns einen Überblick. Vermutlich probieren wir erst einiges aus, was nicht passt ... Bis: genau! Volltreffer.

Wenn wir solche Fügungen erleben, sind wir meist völlig überrascht und verblüfft. Unglaublich! Doch tatsächlich ist dieses Wissen irgendwo tief in uns angelegt: Wir dürfen dem Spiel vertrauen, dass es vollständig ist und

schlussendlich passt. Sofern wir dranbleiben und uns von einer Fügung zur nächsten hangeln.
Bleiben Sie geduldig. Spielen Sie weiter.
Haben Sie das Zauberwort entdeckt? «Spielen», genau: Spielen wir in Leichtigkeit und Freude. Die Vorarbeiten wie das Auspacken und Sortieren sind genauso wertvoll und wichtig wie der Moment der Fügung. Alles gehört zum Spiel und ist energetisch gleichwertig. Manche spüren mehr Freude bei der Kniffelei, andere mit der Fügung.

Fragen:

- Welche Situation erkannte ich als Fügung?
- Mit welcher Fügung überraschte mich das Leben besonders?

Spielfeld: Partnerschaft

Der wahre Sinn einer Partnerschaft ist es, sich gegenseitig die Triggerknöpfe zu drücken, damit Blockaden aufgelöst werden können. Reibung darf entstehen, die Erkenntnisse erst ermöglichen.
Hat sich der Sinn einer Partnerschaft erfüllt, sind also alle gemeinsamen Lernlektionen durchgeackert, so darf sich die Partnerschaft auflösen – oder das Paar bleibt zusammen und geniesst immer tiefere respektive höhere Ebenen der Liebesenergie.
Das grosse Geheimnis ist: locker bleiben und die wilde

Fahrt des Spiels geniessen!
Natürlich fällt uns das meistens nicht leicht und im Alltag vergessen wir die Lockerheit leider allzu oft. Insbesondere dann, wenn unser Partner wieder auf unsere wunden Punkte drückt, die uns emotional explodieren lassen. Und, blöderweise, trifft der Partner scheinbar zuverlässig unsere schmerzhaftesten Trigger.
Nein, niemand verspricht Ihnen, dass dieses Spiel durchgehend amüsant ist. Im Grunde ist es das aber! Wenn wir uns jederzeit bewusst sind, dass es für unsere Seele «nur» ein Spiel ist, können wir locker bleiben und jede Schwierigkeit geniessen. Auch wenn es uns als inkarniertes menschliches Wesen manchmal schmerzt.
Der Ausstieg aus dem Triggerspiel besteht darin, die Verantwortung für die eigenen Wunden – und somit auch für das eigene Glück – vollständig zu übernehmen und die Erwartungen an den Partner komplett abzulegen.

Fragen:

- Spiele ich gerne das Partnerschaftsspiel?
- Was gefällt mir daran?
- Was bräuchte es, damit es eine totale Bereicherung ist?
- Wie definiere ich «Bereicherung»?

Eigene Spielregeln

In unserer Gesellschaft gibt es unglaublich viele Vorstellungen davon, wie eine Partnerschaft auszusehen hat und gelebt werden soll. Vergessen Sie alle diese Regeln! Sie sind Schablonen, die in der Realität versagen.

Treffen zwei Menschen aufeinander und entscheiden, gemeinsam eine Partnerschaft zu leben, so wird im besten Fall nicht aus zwei eins. Nein, es wird aus zwei ein Drittes. Und alleine die zwei entscheiden, wie dieses Dritte aussehen soll. Die Spielregeln sind nirgends geschrieben. Zusammenleben oder getrennt wohnen? Gemeinsames Schlafzimmer oder alleine schlafen? Kinder, Haustiere oder nichts davon? Wie werden die Finanzen geregelt, wie die gemeinsamen Kosten geteilt? Besteht das Bedürfnis, alleine zu verreisen oder sind Reisen partout mit dem Partner erwünscht?

Alle Spielregeln sind erlaubt, sofern sie für beide stimmen und niemandem schaden.

Halten Sie fremde Meinungen fern von Ihrem gemeinsamen Leben. Finden Sie mit Ihrem Partner Ihren eigenen Rahmen und malen Sie Ihr gemeinsames Lebensbild. Übernommene Glaubenssätze von unseren Eltern, Freunden und der Gesellschaft sind fremde Pinselstriche, die ein liebevolles Werk verschandeln können. Ihre Partnerschaft soll für Sie beide stimmen – für niemanden sonst. Malen Sie Ihr gemeinsames Kunstwerk und schützen Sie es.

Fragen:

- Welche Spielregeln habe ich von der Gesellschaft (Familie, Freunden, Hollywood, Büchern oder woher auch immer) übernommen, obwohl sie für mich/uns gar nicht wirklich passen?
- Haben mein Partner und ich die gleichen Wünsche/Vorstellungen, was die Spielregeln betrifft?
- Welche eigenen Spielregeln lebe ich respektive leben wir?

Story

Wir verwechseln oft das Leben mit der Story, die wir über das Leben erzählen. In unseren Köpfen existieren unzählige Geschichten. Wir sind wahre Meister des Geschichtenerzählens. Unser Verstand komponiert über alles Mögliche eine Story, versucht Zusammenhänge und Erklärungen zu finden.
Die Vorstellung, wie eine Partnerschaft sein müsste, ist auch nur eine Story. Wir projizieren die eigenen Ideen und Wünsche auf unseren Partner und hoffen, dass der sie erfüllt. Tut er dies nicht, entsteht Konfliktpotenzial. Wir fühlen uns enttäuscht, eventuell sogar vom Leben betrogen und oft genug auch abgelehnt.
Der Partner ist nicht auf dieser Welt und in unserem Leben, um unserer Story zu entsprechen! Im Gegenteil: Er ist dafür da, um uns die Story bewusst zu machen und uns von ihr zu befreien.

Als wäre es mit der eigenen Story nicht schon kompliziert genug, erschwert die Tatsache ein Zusammenleben, dass unser Partner sich seine eigene Story erzählt. Es knallen also zwei Storys aufeinander, die gegenseitig in Resonanz sind.
Die Resonanz besteht darin, dass wir den Partner anziehen, der am zuverlässigsten die Illusion unserer Story aufdeckt, indem er uns immer und immer wieder triggert. So lange, bis wir die Story durchschauen. Oder davonlaufen und die Beziehung aufgeben. Naja, nicht schlimm, dann begegnet uns der gleiche Storyspiegel einfach in der nächsten Beziehung wieder. Willkommen auf dem partnerschaftlichen Spielfeld.
Eine Story ist nicht per se etwas Negatives. Wir können uns genauso gut eine positive, förderliche Story erzählen, die unserer Partnerschaft dient. Wir haben den freien Willen.

Fragen:

- Welche Story behindert meine Partnerschaft?
- Welche fördert sie?
- Kann ich die hinderliche Story verwandeln, damit sie meiner Idee von Liebe dient?

Filter

Solange wir nicht erleuchtet sind, betrachten wir alles durch unsere ureigenen Filter. Diese bestehen aus nichts anderem als aus unseren Storys, die wir uns tagein, tagaus erzählen. Wir nehmen also unsere Welt wahr durch Prägungen, Glaubenssätze, Meinungen, Urteile, Bewertungen, Wünsche, Gefühle, familiäre und gesellschaftliche Erziehung.

Das, was wir wahrnehmen, entspricht also nicht der Wirklichkeit. Warum also erlauben wir uns, darüber zu urteilen oder irgendetwas zu bewerten?

Ein Coach kann unsere Situation aus einer neutraleren Perspektive wahrnehmen und so helfen, die eigene Sicht wenigstens zu einem gewissen Grad zu korrigieren. Solche Hilfe von aussen kann also sehr wertvoll sein auf dem Weg in die Freiheit. Uns muss jedoch bewusst sein, dass dieser Coach ebenfalls seine Filter mit sich trägt und während der Coachingsitzung kaum alle ablegen kann.

Selbst ich schreibe dieses Buch geprägt von meinen Storys. Natürlich meditiere ich vorab und erhöhe mein Bewusstsein für die Arbeit, um möglichst neutral auf das blicken zu können, was mir das Leben präsentiert. Und auch wenn ich in unzähligen Stunden eine Story nach der anderen platzen liess, bin ich nicht frei davon.

Manche Gurus spielen das Spiel der Erleuchtung, sind scheinbar frei. Ich behaupte, dass es kaum erleuchtete Wesen auf der Erde gibt, vielleicht nur eine Handvoll. Doch gibt es mittlerweile einige Menschen, die diesem Zustand unglaublich nahe und somit freier sind als die meisten.

Ich glaube nicht, dass die Filter einfach verpuffen, wenn wir nur genug meditieren. Ich bin davon überzeugt, dass nur das aktive durchleben, durchfühlen und erkennen uns befreit. In unserer kopfgesteuerten Gesellschaft

beginnt dies für viele mit dem Verstand. Sie müssen es erkennen, durchdenken, damit sie es schlussendlich durchfühlen und dann annehmen können. Gerade deshalb kann die Zusammenarbeit mit einem Coach sehr wertvoll sein. Er hilft zu erkennen und die Situation aus einer anderen Perspektive zu betrachten.
Ein Coach kann ein Lebensberater sein im 1:1-Gespräch, Bücher, Onlinekurse, Familie, Freunde und Feinde.

Fragen:

- Kann ich den Gedanken zulassen, dass vielleicht alles ganz anders ist, als ich denke?
- Wer hilft mir jeweils besonders, eine andere Perspektive einzunehmen?
- Bin ich bereit, eine andere Sichtweise zu akzeptieren?

Spiegel und Sprache des Lebens

Die wichtigen Personen in unserem Leben – allen voran unser Partner – sind unsere Spiegel. Sie zeigen uns, was in uns noch unerledigt ist.
Wenn ein solcher Spiegel uns Narzissmus zeigt, heisst dies nicht zwingend, dass wir selbst narzisstische Wesenszüge in uns tragen. Es heisst nur, dass wir damit noch ein Thema haben. Wir fühlen uns noch von Narzissmus getriggert. Vielleicht müssen wir lernen, das

verletzte innere Kind in unserem Gegenüber zu erkennen? Narzisstische Wesenszüge sind schlussendlich Strategien des inneren Kindes, um an wichtige Lebensenergie (Aufmerksamkeit!) zu gelangen.
Wenn jemand sich uns gegenüber übergriffig verhält, heisst dies nicht zwingend, dass wir übergriffig sind. Aber wir haben noch ein Thema mit Übergriffen, das angesehen und verarbeitet werden will. Vielleicht müssen wir lernen, unsere eigenen Grenzen zu spüren und sie zu ziehen?
Solange wir immer wieder aus der neutralen Beobachterposition rausfallen, geht uns ein Thema noch etwas an.
Das Leben spricht ständig mit uns. Die Spiegel im Aussen sind eine Form dafür. Fügungen eine weitere. Situationen, Ereignisse, Gefühle, Menschen, Kultur ... alles spricht mit uns. Die Botschaften navigieren uns nicht nur zu unseren ungelösten Themen, sondern sind gerade auch für erwachende Menschen äusserst wertvoll. Sie können Warnung, Coaching und Wegweiser sein.
Leider ist der Mensch heute sehr aufs Konsumieren getrimmt und im Hamsterrad beschäftigt, sodass er die Spiegel und die Sprache des Lebens kaum noch realisiert und sie schon gar nicht versteht. Mit Achtsamkeit und bewusstem Training können wir wieder die Hinweise wahrnehmen und die Sprache des Lebens verstehen.
Wenn wir die Sprache des Lebens zu deuten wissen, fallen uns Entscheidungen leichter. Überhaupt erleichtert dies alles: Wenn wir den Hinweisen folgen, tanzen wir unbekümmert durchs Leben. So war das Leben ursprünglich gedacht.
Nur wer der Führung des Lebens vertraut, folgt über-

haupt den Hinweisen. Ein gewisses Urvertrauen ist also nötig und der Grad dieses Urvertrauens hängt wiederum mit dem Zustand unseres inneren Kindes zusammen. Die Frage lautet also einmal mehr: Wie sehr beherrschen uns unsere Kindheitstraumata und Prägungen aus der Vergangenheit?

Fragen:

- In welcher Situation sprach das Leben besonders deutlich mit mir?
- Wann missachtete ich einen Hinweis und bereute dies später?
- Warum schob ich den Hinweis beiseite?
- Wann und wie wurde ich belohnt, als ich eine Botschaft des Lebens ernstnahm?

Gebrochenes Herz

Was ist mit der Story des gebrochenen Herzens? So viele Menschen bemühen sich unendlich, um nicht noch einmal ihr Herz brechen zu lassen. Schutzmechanismen werden mühsam antrainiert, emotionale Wände hochgefahren. Paradox: So leben diese Menschen im Grunde ständig mit einem gebrochenen Herzen. Ihre Schutzmassnahmen trennen sie zuverlässig von der Liebe, die sie sich schlussendlich so sehr wünschen.
Erst wer sein Herz verschliesst, leidet fortwährend an einem gebrochenen Herzen. Heilung ist möglich, wenn

wir das Herz wieder öffnen. Mit der Herzöffnung realisieren wir, dass neue Liebe respektive immerwährende Liebe möglich ist. Unser Verschliessen, unser Nichtzulassen – das ist das wahre gebrochene Herz. Würden wir den Verlustschmerz bei einer unerfüllten Liebe oder einer Trennung zulassen, darf das Herz offen und lebendig fühlend bleiben. Den Schmerz wirklich zulassen bedeutet, sich ihm hinzugeben, ihn so oft und so tief zu fühlen, wie es eben nötig ist, um ihn vollumfänglich anzunehmen und zu überwinden. Wenn wir den Schmerz durchfühlen, wachsen wir über ihn hinaus und realisieren, dass er uns nicht verschlingt und auch nicht umbringt. Tiefer Schmerz kann auch eine wunderschöne, bewegende Erfahrung sein. Nicht umsonst heisst es, dass Tränen guttun.

Schmerz verlangt nichts weiter, als da sein zu dürfen. Er ist keine Handlungsaufforderung und ruft nach keiner Konsequenz. Er will einzig durchfühlt und angenommen werden.

Wer sich entscheidet, sich der Liebe komplett hinzugeben und jeden Tag ein schmerzendes Herz zu riskieren, ist liebend. Wer die Liebe höher gewichtet als die Angst vor dem Schmerz ist auf dem Weg der Liebe unterwegs.

Fragen:

- Wie sehr bin ich bereit, alten Schmerz erneut zu durchfühlen?
- Was brauche ich, damit ich mein Herz wieder vollumfänglich öffnen kann?

Verliebtheit

Sind wir verliebt, stehen wir quasi unter Drogen. Oder wie ist es anders zu erklären, dass ein fast unbekannter Mensch plötzlich derart grosse Bedeutung gewinnt? Wir kennen ihn kaum, oft wissen wir nichts darüber, was ihn wirklich berührt und bewegt. Die Verletzungen seines inneren Kindes bleiben uns vor lauter Verliebtheit verborgen. Und doch spüren wir eine magische Anziehungskraft.

Die Verliebtheitsphase dauert ein paar Monate, vielleicht zwei Jahre, manchmal aber auch nur ein paar Wochen. Das, was nachher geschieht, ist erst wirklich relevant. Mit der Verliebtheit fallen auch viele Projektionen ab und der Mensch steht plötzlich authentischer vor uns. Klar, verhält sich ein Mensch in der ersten Beziehungsphase oft beschönigt. Doch viel täuschender sind die Storys, die wir selbst der Person unserer Verliebtheit aufdrücken. Im Verliebtheitsrausch denken wir, dass der perfekte Beziehungspartner vor uns steht. Dabei bepflastern wir ihn ausgiebig mit unseren eigenen Wünschen und Bedürfnissen. So brutal es klingt: Genau in diese Pflaster sind wir hauptsächlich verliebt! Alles darunter sehen wir (noch) nicht.

Gestehen wir uns also ein, dass es in der Verliebtheit nicht um den anderen geht, sondern tatsächlich um uns. Wir glauben zu wissen, dass wir die perfekte Ergänzung gefunden haben. Endlich. Schwindet das Verliebtsein, fallen die Projektionen langsam weg und wir beginnen, den wahren Menschen zu sehen. Oft zerbricht damit eine Beziehung und wir glauben, dass wir uns im

anderen wohl täuschten oder er sich plötzlich verändert habe. Nein, hat er nicht!
Erst nach der Verliebtheit geht es um Liebe. Erst nach dieser ersten Phase geht es wirklich um den anderen Menschen. Wenn wir diesen «Turn» nicht schaffen, bricht die Verbindung auseinander.
Liebevoller wäre es, die Verliebtheitsphase einfach vorbeirauschen zu lassen und den Menschen als Freund wirklich kennenzulernen. Wenn aus dieser Freundschaft Liebe wächst und der beidseitige Wunsch nach einer Partnerschaft, so stehen die Sterne dafür gut.

Fragen:

- Was projizier(t)e ich hauptsächlich in vergangenen Verliebtheitsphasen?
- Ist mein Partner mein bester Freund?
- Wie schaff(t)e ich die Wende aus der Verliebtheit in die Liebe?

Game changer

Ein relevanter Game changer für mich war die Erkenntnis, dass ich das wahre Wesen der Menschen lieben kann, ohne mit ihren Storys einverstanden zu sein. Ich muss mich nicht mit den Rollen und Themen auseinandersetzen, in welchen mein Gegenüber gerade steckt. Ich muss niemanden aufklären oder heilen und auch niemandem eine Lösung liefern.

Ich bin nur für meine eigene Ausstrahlung und Schwingung zuständig. Und niemals für diejenige von jemand anderem. Ich muss also nicht an anderen «schrauben», um sie zu verändern. Wenn ich Schwierigkeiten mit einem Mitmenschen habe, so «arbeite» ich an mir.
Habe ich ein Thema mit einem Mitmenschen, ist dies nicht auf der gleichen Schwingungsebene zu lösen, wie es entstand. Wenn ich also ganz im Sinne der Liebe der neuen Zeit mein Bewusstsein erhöhe, es offen, achtsam, urteilsfrei, erkennend und liebend halte, hebt dies meine Schwingung an. Im höheren Bewusstsein erkenne ich Lösungen, wie ich das Thema in mir für mich stimmig lösen kann. Mein Gegenüber beginnt ebenfalls, sich auf dieses Höhere einzuschwingen – oder verlässt den Raum. Der «Raum» muss nicht physisch sein, sondern auch energetisch. So verabschiedet sich das Gegenüber vielleicht mit einem fadenscheinigen Grund aus unserem Leben, weil unsere Schwingung schlicht inkompatibel geworden ist.
Wenn ich liebend da bin, anwesend in einer liebevollen Präsenz, so ist dies ansteckend und berührt mein Gegenüber im Innersten – ob er dies will oder nicht, ob er dies bewusst wahrnimmt oder nicht. Wenn er diese liebevolle Intensität nicht aushält, wagt er einen Schritt in Richtung Heilung oder er wird gehen. Die Heilungsschritte können sich darin offenbaren, dass er seine Rollen durchschaut, seine Themen erkennt und die Verantwortung dafür übernimmt. Ob unser Gegenüber nun lieber heilen oder gehen möchte, ist nicht unsere Entscheidung. So oder anders wird sich für uns das Thema mit der eigenen Schwingungserhöhung früher oder später lösen. Wer mitziehen möchte, zieht mit. Wer nicht will,

dreht noch eine Runde, um eines Tages wieder mit dem gleichen Thema konfrontiert zu werden. Dann werden jedoch nicht wir sein Gegenüber sein, sofern wir selbst diese Situation bereits gemeistert haben.

Fragen:

- Bin ich bereit, hinter die Storys und somit hinter die Fassaden der Menschen zu schauen, um ihr wahres Ursprungswesen zu erkennen?
- Wie kann ich meine eigene Schwingung schnell und zuverlässig erhöhen?

Selbstliebe

«Du musst zuerst dich selbst lieben, bevor du jemand anderen richtig lieben kannst.» Diese Aussage führte dazu, dass sehr viele Menschen verkrampft, fast besessen versuchten, sich selbst zu lieben. «OMG, wie stelle ich das bloss an??»
Unser wahrer Wesenskern ist pure Liebe, vor die sich im Lebensverlauf Wolken schieben. Werden wir zum Wolkenschieber und bereinigen, was unsere Selbstliebe stört!
Selbstliebe ist vor allem Selbstannahme. Was stört diese? Verzerrte Ideale (Die Werbung grüsst nachdrücklich freundlich.), Kindheitstraumata (Wir sind eh nicht gut, stark oder schön genug ...) und Angst (Sei bloss vorsichtig, das Leben ist tödlich!). Die zig möglichen Ursachen

auf einen Nenner gebracht: Die Verletzungen und Prägungen unseres inneren Kindes behindern die Selbstannahme. Das kleine Mädchen oder der kleine Bub in uns fühlt sich ungeliebt. Sobald wir das in aller Tragweite erkennen und beginnen, unser inneres Kind konsequent fürsorglich zu achten und zu lieben, sind wir auf dem Weg der Selbstliebe.

Die Gewalt, die wir als Erwachsene unserem inneren Kind oft tagtäglich mehrfach zumuten, würden wir in der Aussenwelt aufs Krasseste verurteilen und teils sogar als Kindsmisshandlung anzeigen wollen. Aber zu uns selbst dürfen wir so hart sein. «Das sieht und weiss ja sonst keiner ...», denken wir. Doch, unser inneres Kind bekommt die volle Ladung ab und speichert alles. Jedes Mal. Und in aller Intensität.

Als ich das erste Mal realisierte, wie brutal und hart ich zu meinem inneren Kind war, übermannte mich sein Schmerz. Bis dahin hatte ich mich stets für einen friedvollen, gewaltfreien Menschen gehalten. Was ich mir jedoch selbst 40 Jahre lang angetan hatte, war zutiefst verachtend, missbrauchend und verletzend.

Selbstliebe ist, dies zu erkennen, den tiefen Schmerz immer wieder durchzufühlen, das innere Kind bedingungslos anzunehmen und zukünftig liebevoll für es einzustehen.

Wenn unser inneres Kind einfach endlich wieder sein darf, wie es ist, beginnt es mit unserem göttlichen Kind zu spielen (anstatt alleine in der Ecke zu trotzen, schreien oder zu weinen!), unser Wesen heilt allmählich und wächst immer weiter zur wahren Grösse.

Fragen:

- Was stört meine Selbstannahme?
- Wo bin ich zu mir selbst unnötig hart und verurteilend?
- Wobei und wann treibe ich mich selbst unbarmherzig an?

Energieform Partnerschaft

Wenn zwei Menschen sich nahestehen, bildet ihre Verbindung eine eigene Energieform. Die können wir uns wie eine Wolke vorstellen, an die beide direkt angeschlossen sind. Die Partner nähren diese Energiewolke mit ihren Gedanken und Gefühlen. So ist auch zu erklären, dass die Partner beispielsweise die gleiche Idee haben oder der eine weiss, was der andere denkt. Gedanken- und Gefühlsübertragungen sind für enge Beziehungen also normal. Die Frage ist nur, ob die Partner sich dessen bewusst sind oder nicht.
Wenn wir uns in der Stille auf sie einschwingen, können wir den Inhalt der Energiewolke bewusst anzapfen und Informationen auslesen. Je öfter wir das tun, umso leichter fällt es uns.
Achtsamkeit ist gefragt. Wie oder was wir über den Partner und die gemeinsame Verbindung denken und fühlen, wandert in diese Energiewolke und ist vom anderen auslesbar. Seien wir also vorsichtig, womit wir diese Energiewolke füttern.

Achtsamkeit braucht es auch, damit nicht wiederholt ein trotziges inneres Kind seine Bedürfnisse in die Energieform schreit. Auch dieses theoretisch unhörbare Geschrei wird vom anderen bewusst oder unbewusst energetisch wahrgenommen. Der Partner ist nicht dafür da, die Bedürfnisse unseres inneren Kindes zu befriedigen. Sein eigenes inneres Kind ist Herausforderung genug und schreit in seinem Innern vermutlich auch öfter. Das reicht. Ausser wir wollen ihn mit unserem Geschrei vertreiben.

Idealerweise übernehmen wir die Verantwortung und wählen bewusst, was in die gemeinsame Energieform fliessen darf. Gönnen wir unserem Partner vor allem Liebevolles.

Wer sich aus der gemeinsamen Energieform zurückzieht, sich von ihr abkapselt und abgrenzt, zieht sich damit ebenfalls aus der Partnerschaft zurück. Logischerweise spürt der Partner diesen energetischen Rückzug. Gut möglich, dass dies seine Verlustangst triggert, er eifersüchtig reagiert oder zu klammern beginnt.

Fragen:

- In welcher Verbindung spürte ich die gemeinsame Energiewolke?
- Habe ich schon Informationen oder Eindrücke über sie wahrgenommen?
- Durfte ich schon Reaktionen bei meinem Partner wahrnehmen, die zu meiner energetischen Ausstrahlung passten?

Ahnen- und Familienenergie

Unser menschliches Wesen urteilt und kategorisiert ständig. Unsere Familie bleibt davon nicht verschont. «Ich will nie, nie so werden wie meine Mutter!», ist oft zu hören.

Wir verkörpern Anteile unserer Mutter und unseres Vaters. Ob wir dieses Erbe auch ausleben, steht woanders. Wenn wir uns gegen die Ahnenanteile wehren, beeinflussen sie unser Leben umso intensiver.

Jede Familie inklusive ihrer Ahnenreihe nährt eine eigene Energiewolke. Ungelöste Themen wandern in die nachfolgende oder übernächste Generation. So kann es geschehen, dass sich im Leben eines Nachkommen die Themen sehr belastend und ungewöhnlich konzentrieren.

Was können wir tun? Wenn wir uns gegen diese Familienenergie wehren, wächst sie. Was wir ablehnen, erhält von uns aufgrund der Aufmerksamkeit und der erhöhten Emotion umso mehr Energie.

Annahme ist der einzige Weg, um Frieden und Balance zu finden. Wenn wir in unserem Herzen die Familienenergie vollumfänglich akzeptieren, dürfen sich die Themen darin lösen. Mit dem Wissen, dass unsere Seele genau diese Familie und diese Ahnen selbst ausgesucht hat, um bestimmte Themen zu bearbeiten und zu erfahren, fällt die Annahme leichter.

Hören Sie auf, zu kämpfen. Nehmen Sie an. Anerkennen Sie liebevoll, dass sie alle ihr Bestes gaben. Mehr lag einfach nicht drin!

Sie glauben, dass ich so etwas leicht sagen könne? Nein,

mir fiel der Annahmeprozess alles andere als leicht. Ich kenne sexuellen Missbrauch, Narzissmus, Alkoholismus und diverse weitere Übergriffe.
Wohlverstanden, ich spreche von Annahme und Akzeptanz. Dies kommt einer Neutralisierung gleich. Ich spreche nicht von Gutheissung oder Befürwortung. Sie müssen mit dem, was Ihre Familie und Ihre Ahnen «produzierten», nicht einverstanden sein. Sie brauchen nicht einander in den Armen zu liegen und gemeinsam Friedenspfeifen zu rauchen. Sehen Sie einfach hin, betrachten Sie, was ist und was war und akzeptieren Sie es. Es war so. Und nicht anders. Nicht mehr und nicht weniger. Die energetische Annahme ist oft mehrfach nötig, vielleicht sogar über mehrere Monate oder Jahre. Bleiben Sie dabei. Erst wenn der Widerstand gegenüber Themen der Familie und Ahnen komplett aufgelöst ist, werden Sie frei sein – frei, um Ihre ureigene Essenz zu leben. Sie befreien mit der Annahme nicht nur sich selbst von Ballast, sondern auch Ihre Angehörigen. Sie erlösen Familienthemen.

Fragen:

- Mit welchen Themen meines Lebens hatten bereits meine Ahnen zu kämpfen?
- Gibt es welche, die ich harmonisieren und auflösen konnte oder noch kann?

Helfersyndrom und energetische Platzhalter

Die Entscheidung, sich um ein krankes oder bedürftiges Familienmitglied zu kümmern, ist legitim. Es kann aber auch eine Entschuldigung sein, seine eigenen Themen nicht bearbeiten und das eigene Leben nicht bewusst leben zu müssen. Die Aufopferung für ein Familienmitglied kann wie eine Besetzung wirken. Wer sich für die Mutter oder den Vater hingebungsvoll aufopfert, hat keinen weiteren Raum für eine Partnerschaft. Der Alltag ist energetisch bereits zu ausgefüllt, die Emotionen sind zu beansprucht, als dass noch Raum für eine Partnerschaft bliebe. Das Familienmitglied wird zum energetischen Platzhalter, der sowohl tiefe Selbstfindung als auch das Aufblühen in einer Partnerschaft verhindert.

Hinter einem ausgeprägten Helfersyndrom steckt oft das Bedürfnis, gebraucht zu werden, um sich nützlich zu fühlen. Wer sich nützlich fühlt, kennt scheinbar seinen Platz im Leben. Das verleiht ein Gefühl der Sicherheit. Wird er eines Tages nicht mehr gebraucht, verliert dieser helfende Mensch die Orientierung und seine Wurzeln. Er hat nicht gelernt, sich auf seine eigenen Wurzeln zu besinnen und den Lebenssinn aus sich selbst zu spüren. Seine Antennen – seine Aufmerksamkeit – waren stets auf Mitmenschen und somit auf das Aussen gerichtet. Ein Helfer, der nicht mehr helfen kann und sich nutzlos fühlt, fällt oft in ein tiefes Loch.

Einen Teil seiner eigenen Energie und Lebenszeit jemandem Bedürftigen zu schenken, wurzelt in unserem

Wunsch nach Nächstenliebe. Sich aber hinter dem Helfen zu verstecken, sich aufzuopfern und wichtige Komponenten des eigenen Lebens zu vernachlässigen, ist ungesund und verhindert zuverlässig wichtige Entwicklungsschritte.
Übermässige Hilfe stutzt ausserdem die Selbstwirksamkeit des Bedürftigen. Co-Abhängigkeit kann einen Alkoholiker in seiner Sucht unterstützen. Hilfe kann also auch für den Empfangenden kontraproduktiv sein. Sie raubt ihm die Möglichkeit der Mündigkeit oder kreativen Lösungsfindung.
Wohlverstanden, ich spreche nicht von Pflegebedürftigen – wobei gerade sie in unserem europäischen System aus professioneller Hand sehr gute Unterstützung erhalten. Ich spreche auch nicht gegen familiäre Hilfe. Vielmehr plädiere ich dafür, genau hinzusehen, in welchem Mass Hilfe sinnvoll und für alle Seiten förderlich ist.
Ist das Helfen also ein falscher Lebenssinn? Es gibt keinen falschen Lebenssinn, wenn wir in dem, was wir tun, uns selbst begegnen. Die einfache Frage nach dem Warum hilft, die Motivation zu verstehen. Warum helfen Sie? Beginnt die Antwort mit «um zu ...»? Gefährlich wird es, wenn wir helfen, um geliebt zu werden, um uns abzulenken, um Aufmerksamkeit zu bekommen, um etwas zu bewirken ... Moment, «um etwas zu bewirken»? Ja, weil der Lohn für dieses Wirken wiederum Aufmerksamkeit ist – wir wollen dafür geliebt werden. «Um zu ...» ist ein Tauschhandel. Wenn wir dank des Helfens unsere Trigger erkennen und uns von ihnen lösen, ist dies jedoch ein sehr lohnender Handel und guter Lebenssinn.
Eine gesunde Balance zu halten, ist der Schlüssel. Wir brauchen uns nicht für jemand anderen aufzuopfern.

Das Leben erwartet von uns, dass wir mit Rücksichtnahme auf unsere Mitmenschen unseren eigenen Weg gehen.

Fragen:
- Erkenne ich an mir das Helfersyndrom?
- Was steckt tatsächlich hinter meinem Bedürfnis zu helfen?
- Verstecke ich mich manchmal hinter meinen Aufgaben als Mutter, Vater, Tochter, Sohn, Partner/in oder Führungsperson?

Karmapartner

Gibt es so etwas wie Karma, das Partner aneinanderbindet? Keine Ahnung. Meiner Erfahrung nach ist die Klärung dieser Frage aber nicht relevant, um eine Herzenspartnerschaft zu leben. Wird Karma dadurch definiert, dass Partner gemeinsame Lernaufgaben haben – dann lautet meine Antwort: Ja! Ist es also wichtig zu wissen, ob Karma zwei Menschen zusammenbringt? Den Fokus auf die Lernaufgabe zu richten, finde ich für eine glückliche, bereichernde Partnerschaft viel wichtiger. Worin die Lernlektion besteht, ist zu verstehen, wenn wir die jetzige Situation und das aktuelle Leben betrachten. Dafür müssen wir keine Rückführungen in vergangene Leben durchstehen.
Wer sich dennoch intensiver mit dem Thema Karma-

partnerschaft auseinandersetzen möchte, dem empfehle ich das Buch «Himmlische Beziehungen – Die Grundlagen wahrer Meisterschaft in Beziehungen» von Christine Szendi, erschienen im Flügelschlag Verlag. Das Buch gibt es nur noch gebraucht. Die Psychologin, Verlegerin und spirituelle Beziehungstherapeutin Christine Szendi verstarb vor einigen Jahren.

Fragen:

- Wie definiere ich «Karmapartnerschaft»?
- Mit welchen Glaubenssätzen ist diese Definition verknüpft?

Seelenpartner

Überall begegnet mir mittlerweile dieses Wort «Seelenpartner». Gibt es den EINEN Menschen wirklich, der mein Seelenpartner ist? Ich weiss es nicht. Nach meinem Gefühl sind alle Menschen meine Seelenpartner oder keiner. An den EINEN zu glauben, fällt mir schwer. Klar, mit dem einen oder anderen haben wir Themen, die uns gegenseitig anziehen. Und der eine eignet sich besser als der andere, um bestimmte Themen zu lösen. Aber ist er deswegen unser Seelenpartner?
Vielleicht ist der Seelenpartner derjenige Mensch, der mich möglichst nah zu mir selbst zurückbringt – zu der Verschmelzung mit meinem göttlichen Part?
Ausführlicher habe ich das im Kapitel «Die grosse

Liebe» beschrieben.
Seelenpartner, Karmapartner ... Braucht es immer einen Namen? Unser Verstand liebt Schubladen, in die er etwas einordnen kann. Und er pflückt auch gerne etwas auseinander, wenn er es nicht logisch verstehen kann.
Wenn wir die Themen unseres verletzten inneren Kindes geheilt haben, so kann jeder Mensch unser Partner sein. Uns triggert nichts mehr und wir können unser Leben im Zusammensein mit allen oder niemandem geniessen. Ja, das glaube ich und das deckt sich mit meinem Erleben.

Fragen:

- Gibt es den einen Seelenpartner für mich?
- Was zeichnet ihn aus?

Egoliebe

Wenn sich jemand einem grossen Ego liebevoll nähert, so bläht sich das Ego noch mehr auf. Es wird steif und fordernd. Es will noch mehr von dieser Liebe, die nichts anderes als pure Energie ist. Sie nährt zusätzlich das Gefühl des Egogetriebenen, etwas Besonderes zu sein – schliesslich ist die entgegengebrachte Liebe der beste Beweis dafür.
Mit der Liebe der neuen Zeit verlieren wir immer mehr Ego-Muster. Wird hoch schwingende Liebe entgegengebracht, so wird sie respektvoll begrüsst und achtsam

mit ihr umgegangen. Liebe ist ein Geschenk für Liebende, um noch mehr aufzublühen. Aber Liebe ist ein Fluch für das Ego, da es sich dank ihr noch mehr aufbläht.
Nur das Ego treibt Spielchen, testet Grenzen aus und manipuliert nach eigenen Wünschen. Das Ego ist glücklich, wenn es jemandem Schwierigkeiten bereiten kann. Für das Ego ist das Nehmen wertvoller als das Geben.
Wer wahrlich liebt, wünscht sich das Beste für sein Gegenüber. Egolos und in Freiheit. Die Liebe ist happy, wenn sie Freude bereiten darf. Für die Liebe ist das Geben wertvoller als das Nehmen.
Egogesteuerte Liebe ist nichts Böses. Sie ist einfach eine Seite der Medaille. Dank ihr erkennen wir erst auch die andere Seite. Wir müssen beides erfahren, um zweifelsfrei unterscheiden zu können. Auch wäre unsere Erfahrung nicht vollständig, wenn wir eine Seite verurteilen und verneinen würden. Von der Egoliebe bis zur Liebe der neuen Zeit ist ein nuancenreiches Liebesspektrum, auf dem wir wandeln. Mal mehr oder weniger bewusst.

Fragen:

- An welche egogetriebene Situation kann ich mich besonders erinnern?
- Wie hätte diese Situation stattdessen ausgesehen, wenn die Liebe der neuen Zeit sie genährt hätte?
- Woran erkenne ich Egogesteuertes?

Toxische und narzisstische Verbindungen

Besonders ausgeprägte Formen der Egoliebe sind toxische und narzisstische Beziehungen. Egal ob zwischen Kindern und Eltern oder in einer Partnerschaft: Innerhalb solcher Verbindungen werden besonders viele und intensive Triggerpunkte gesetzt, die später unsere Beziehungen belasten. Wer mit Narzissmus in der Familie aufwächst, zieht oft später einen narzisstischen Partner an, der diese Trigger zuverlässig erneut beliefert und schmerzhaft drückt. Spätestens dann schreien die Situationen danach, endlich bewusst angeschaut und geheilt zu werden.

Scheinbar brauchen wir erneut eine toxische Beziehung, um diese Prägungen und Muster zu entdecken. Nur wenn wir sie erkennen, können wir an ihnen arbeiten und sie auflösen. Die Schwierigkeit ist jedoch, dass wir das Gift dieser Verbindungen überhaupt erkennen!

Wer beispielsweise in einem toxischen Elternhaus aufwuchs, ist sich solche Manipulationen und Übergriffe derart gewohnt, dass er sich sogar damit wohlfühlt oder sie zumindest oft gar nicht hinterfragt. «Wie nur kann man sich darin wohlfühlen?», mögen Sie sich fragen. Im tiefen Innern fühlt sich der Betroffene dank des Gifts zuhause, denn er kennt die Mechanismen, hat jahrelang trainiert und mühsam Strategien aufgebaut, um damit umgehen zu können. Solange er später in ähnlichen Verbindungen lebt, kann er diese Strategien anwenden. Auch wenn es unangenehm und schmerzhaft ist, so läuft

doch alles wie gewohnt. Wenn der Betroffene aus der toxischen Verbindung ausbricht, muss er plötzlich neue Strategien entwickeln, um sich zurechtzufinden. Neues verunsichert und kann Angst auslösen. Somit bleiben viele Menschen lieber in toxischen, narzisstischen Verbindungen, die sie zumindest kennen.
Einen Blogpost zu diesem Thema gibt es auf atlantis-energie.com, betitelt: «Negatives Umfeld als Zuhause».

Fragen:

- Fühlte ich mich auch schon in einer toxischen Situation zuhause?
- Gibt es etwas Negatives, das ich scheinbar (noch) nicht loslassen kann?
- Woran erkenne ich eine toxische Verbindung?

Schmerzkörper

Sind wir angsterfüllt, schwingt der damit verbundene Schmerz in unserer Ausstrahlung. Wenn wir jemanden finden, mit dem wir uns besonders verbunden fühlen, sozusagen gleich schwingen – so erkannten sich vermutlich zwei ähnliche Schmerzkörper.
Jeder Mensch ist auf der Suche nach Liebe. Er sucht sie, weil er sie nicht hat. Zwei Suchende werden sich finden. Unbewussten Menschen passiert dies immer und immer wieder. Die Schmerzkörper stimulieren sich gegenseitig ständig neu. Drama ist vorprogrammiert.

Der Schmerzkörper ist schlussendlich nichts anderes als der Schmerz unseres inneren Kindes.
Wenn uns etwas schmerzt, müssen wir uns bewusst sein, dass es immer unser eigener Schmerz ist. Niemand fügt uns Schmerzen zu, denn das ist gar nicht möglich! Niemand schlitzt uns auf und stopft seinen Schmerz in unseren Körper. Nein, der Schmerz ist in uns selbst und reagiert nur auf etwas, das von aussen an uns herangetragen wird. Deshalb ist es so wichtig, die eigenen schmerzauslösenden Themen anzusehen und zu lösen. Nur so verkleinern wir unseren Schmerzkörper und werden immer gelassener und freier.

Fragen:

- Welcher Schmerz wiederholt sich in meinem Leben?
- Ähneln sich die schmerzauslösenden Situationen?

Angst

Wir werden angstfrei geboren. Ob wir auch angstfrei sterben, liegt in unseren Händen. In der Zwischenzeit, die sich Leben nennt, eignen wir uns mehr oder weniger viele Ängste an. Es gibt kaum etwas, wovor ein Mensch keine Angst entwickeln könnte.
Ängste beeinflussen alle unsere Lebensbereiche, von der Partnerschaft über Freundschaften, Selbstbewusstsein und Selbstwirksamkeit, beruflicher Erfolg und Kreativität, persönliches Glücksempfinden, die Fähigkeit zu

fühlen und sich tief auf Sexualität einzulassen.
Die meisten Ängste wurzeln in unserer Kindheit und unser verletztes inneres Kind hält sie präsent in unserer Gegenwart. Diese Ängste der Kindheit werden immer wieder genährt durch Eltern, Lehrpersonen, Vorgesetzte, Partner, Freunde und überhaupt durch unsere Gesellschaft. Eine einzige Nachrichtensendung enthält bereits zig Gründe für existenzielle Angst. Zeitungen sind keineswegs harmloser.
Wir häufen Luxus an in der Hoffnung, Sicherheit zu gewinnen. Denn Sicherheit gibt uns das Gefühl der Kontrolle. Unerwartetes zeigt uns deutlich unsere Verletzbarkeit. Und unsere Verletzlichkeit und somit die Gewissheit der eigenen Vergänglichkeit jagen uns eine unglaubliche Angst ein. Die Angst vor dem Tod keimt in uns, sobald wir mit der Geburt vom Mutterleib getrennt werden. Plötzlich werden wir nicht mehr automatisch genährt und versorgt.
Wir müssen nicht nur verstehen, sondern mit unserem ganzen Wesen fühlen, dass Angst uns dem Leben gegenüber verschliesst. Angst knallt uns unbarmherzig Türen vor der Nase zu. Die Liebe öffnet Türen, sie öffnet uns selbst.
Angst steuert unsere Entscheidungen und lässt uns an allem Möglichen festhalten. Liebe lässt los und will fliessen.
Wenn wir uns selbst heilen wollen, so müssen wir bei unseren Ängsten ansetzen. Unser inneres Kind zeigt uns mit seinen Reaktionen zuverlässig, wo noch Angst in uns lauert, die wir anschauen dürfen. Danken wir also jedem Trigger, denn jeder ist ein Wegweiser auf dem Weg der Heilung, Freiheit und Selbstbestimmung.

Fragen:

- Welche Ängste erschweren meine Partnerschaft?
- Welchen Ängsten möchte ich mich unbedingt stellen?
- Welche Strategien der Angstvermeidung habe ich entwickelt?
- Wie würde sich mein Leben ohne meine Hauptangst anfühlen?

NÄHE

Echte Intimität und wahre Nähe sind nur möglich, wenn wir unsere Mauern fallen lassen. Ohne Mauern und Schutzstrategien fühlen wir uns verletzlich, was uns wiederum ängstigt. Viele Menschen lassen aus lauter Angst keine Intimität mehr zu.
Der Schlüssel zu tiefer menschlicher Liebe ist, Nähe trotz unserer Angst zuzulassen. Wer durch die Angst geht, befreit sich schrittweise von ihr. Nicht «entweder oder», sondern «und»: Angst haben und lieben!
Wir alle haben Angst, solange wir noch nicht erleuchtet und über alle menschlichen Bedürfnisse und Gefühle erhaben sind. Und doch sehnen wir uns alle nach echter Begegnung, die uns im Innersten berührt.
Wer Nähe zulässt, ist also nicht zwingend frei von Angst. Sein Mut und sein Bedürfnis zu lieben sind einfach mächtiger als das, was ihn zurückhält.
Nähe muss nicht zwingend eine körperliche Begegnung

sein. Ein spiritueller Mensch ist in der Lage, sich jemandem im Geist unglaublich nahe zu fühlen, ohne live mit ihm zusammen zu sein. Je hochschwingender und reiner diese Nähe ist, desto weniger Erwartungen sind daran geknüpft. Wenn sich freie Wesen über mehrere Dimensionen nah sein können, ist eine berührende, tiefe Liebe möglich.

Fragen:

- Was bedeutet mir «Nähe»?
- Woran erkenne ich sie?

Verlassenheitswunde und Eifersucht

Eine sehr ursprüngliche Angst ist unsere Verlustangst und die gründet oft in unserer frühsten Kindheit. Sobald wir aus dem Mutterleib geschlüpft sind, empfängt uns eine kalte Welt. Wir sind erstmals alleine. Alleine im Bettchen oder sogar im Brutkasten. Wir strampeln und schreien, bis wir nicht mehr alleine sind. Wir werden hochgehoben, verpflegt und, wenn wir Glück haben, liebkost. Jedoch ist dieses Zusammensein von begrenzter Dauer und bald fühlen wir uns wieder verlassen. Irgendwo abgelegt. Wurden wir vielleicht vergessen? Bleiben wir jetzt womöglich für immer alleine? Ein kleines Kind weiss es nicht und fühlt sich einfach verlassen. Das «Seilziehen» beginnt mit der Geburt: allein sein –

zusammen sein – allein sein – zusammen sein ... Und jedes Mal spüren wir wieder schmerzlich unsere Verlassenheitswunde. Denn als Baby konnten wir nicht sicher wissen, ob unsere Mama oder Papa tatsächlich zurückkehren wird.

Wird unsere oft früh entstandene Verlassenheitswunde berührt, taucht eine Art Todesangst in uns auf. Die Verlustangst ist existenziell und ausserordentlich heftig. Bei manchen Menschen ist sie weniger, bei vielen jedoch stark ausgeprägt.

Diese frühe Verlassenheitswunde kann bei Erwachsenen eine Dynamik entwickeln, die äusserst ungesund ist. Eifersucht und ein gestörtes Vertrauen sind beispielsweise Folgen. Gerade die Eifersucht ist ein besonders intensiver Ausdruck von Verlustangst. Wer ihr die Tür öffnet, wird unberechenbar, will kontrollieren und (fast) um jeden Preis festhalten. Eifersucht treibt einen Partner in die Flucht.

Diese Verlassenheitswunde gehört zu unserem verletzten inneren Kind und hat nichts mit unserem jetzigen Partner zu tun. Er kann nichts dafür, dass Mama und Papa uns schon mal alleine liessen. Er ist weder unsere Mutter noch unser Vater und somit trägt der Partner auch keine Verantwortung für unsere Verlassenheitswunde. Es ist nicht seine Aufgabe, unsere Wunden zu pflegen.

Um für eine erwachsene Partnerschaft reif zu sein, müssen wir die Verantwortung für unsere Verlassenheitswunde übernehmen. Wird sie getriggert, haben wir selbst uns um den Schmerz zu kümmern. Niemand anderes.

Wie? Hinsehen, durchfühlen, annehmen, anwesend sein,

bewusst werden, was ich gerade brauche – und es mir selbst geben.

Fragen:

- Wie zeigt sich die Verlustangst in meinem Leben?
- Was tue oder unterlasse ich wegen ihr?
- Was steckt tatsächlich hinter meiner Eifersucht?
- Wie finde ich ins Vertrauen?

Bindungsangst

Zwei Hauptursachen für Bindungsangst sind am häufigsten. Die fehlende Bereitschaft für Empathie und Gemeinsames ist die eine. Wer einfach «sein Ding» durchziehen und nicht auf die Bedürfnisse des Partners eingehen will, wird sich nicht binden wollen. Eine Partnerschaft ist ein Miteinander, wenn sie im Alltag funktionieren soll. Und dazu gehören auch zu einem gewissen Grad Kompromisse.

Die zweite Hauptursache ist die Unfähigkeit, sich selbst abzugrenzen. Wer sich in der Partnerschaft verliert, die eigenen Bedürfnisse aufgibt und keine Grenzen ziehen kann, wird früher oder später verwelken. Eines Morgens ist die Erkenntnis da, nicht das eigene Leben zu leben. Und dieses Aufwachen ist bitter.

Zur fehlenden Abgrenzung gehört auch das Missverständnis, für die Gefühlswelt des anderen verantwortlich zu sein. Wer früh lernte, dass Liebe im Tauschhandel

von Diensten erhältlich ist, trägt diese Erfahrung meistens mit bis ins Erwachsenendasein. «Wenn ich mit anderen Zeit verbringe, liegt es in meiner Verantwortung, dass sich die Mitmenschen gutfühlen.» Wenn Mama beispielsweise ständig übellaunig war und der kleine Bub seine Aufgabe darin sah, sie aufzuheitern, ist die Voraussetzung für Bindungsangst gesetzt. Als Erwachsener mag dieser Bub vielleicht diese Verantwortung für die Gefühle der Mitmenschen nicht mehr tragen und zieht sich deshalb lieber zurück. Es ist für ihn einfacher und energieschonender, niemanden wirklich in sein Leben zu lassen. Oder er betreibt ein ständiges Hin und Zurück, pendelt zwischen Nähe und Distanz. Er wird hin und her gerissen zwischen alten, schmerzhaften Erfahrungen und dem tiefmenschlichen Wunsch nach echter Liebe. So wagt er als Erwachsener zwar einen Schritt nach vorne, zieht sich aber gleich wieder zurück. Im Kern sehnt auch er sich einfach nach Liebe, die nicht an Bedingungen geknüpft ist.
Diese Art von Bindungsangst loszulassen, geschieht über die Erkenntnis, dass jeder stets ausschliesslich für die eigenen Gefühle verantwortlich ist.

Fragen:

- Warum ängstigt mich die Vorstellung, mich wirklich dauerhaft an einen Menschen zu binden?
- Woher kommt diese Angst?
- Gab es bezüglich meiner Bindungsfähigkeit einen erkennbaren Wendepunkt in meinem Leben?

Trennung

In der neuen Zeit darf eine Trennung friedlich bleiben. Zwei Menschen dürfen sich in Liebe und Frieden voneinander lösen, wenn die gemeinsamen Lernlektionen durchgestanden sind. Der Sinn der Partnerschaft hat sich erfüllt. Ausnahme: Der Rosenkrieg gehört zum Seelenplan und ist als wichtige Lernlektion gewünscht.
Ist der Zeitpunkt reif, so begegnet ein Part einfach einem neuen Partner. Es wird einen oder vielleicht sogar beide voneinander wegziehen zu neuen Erfahrungen. Oder auch die Zeit des Alleinseins lockt, damit wieder Ruhe einkehrt und Erfahrungen der kompletten Selbstbestimmung möglich werden.
Solange wir jemanden nicht wirklich loslassen können, also nicht frei von Bindung werden, ist eine Lernaufgabe vorhanden. Etwas ist noch ungelöst, ungelernt, unerfahren. Diese Unfreiheit ist nicht damit zu verwechseln, dass eine Partnerschaft zwingend weitergeführt werden soll. Vielleicht besteht die Lernaufgabe darin, die erzählten Gedankenstorys zu erkennen oder dem anderen noch etwas Gutes zu tun, beispielsweise als Freund.
Oder das Paar bleibt zusammen und lebt echte, tiefe Liebe als gereifte Erwachsene. Die beiden würden nach einer turbulenten, lehrreichen Zeit ihre Partnerschaft auf einem neuen Level weiterleben.

Fragen:

- Kann ich an mir nach einer vergangenen Trennung eine Weiterentwicklung erkennen?

- War es möglich, gemeinsam Themen zu bearbeiten und Trigger zu lösen?

Fremdgehen

«Etwa 50 Prozent der Menschen gehen fremd.» Diese Aussage stammt aus einer Doku des Schweizer Fernsehen SRF. Die Chancen stehen also nicht schlecht, dass Sie sich eines Tages mit diesem Thema auseinandersetzen müssen.
Was erhoffen Sie sich vom Fremdgehen? Was suchen Sie bei einer dritten Person, was Sie nicht von sich selbst oder in Ihrer Partnerschaft finden? Das Körperliche? Einen Kick? Das Kribbeln des Verbotenen und Fremden? Wenn Sie das Bedürfnis nach einem Seitensprung spüren, sind Sie noch bedürftig und Ihr inneres Kind sitzt am Steuer. Sie suchen etwas im Aussen, das Ihnen fehlt. Auch wenn Sie nur aus Langweile fremdgehen.
Langeweile ist nicht nur beim Thema Seitensprung antreibend, sondern auch allgemein in Partnerschaften. Viele Menschen bleiben lieber in einer Partnerschaft, weil sie sich alleine langweilen würden. Langeweile, also Ruhe und fehlende Ablenkung öffnen eine Tür, durch die unsere ungelösten Themen hereinmarschieren und uns endlos quälen können. Langeweile erscheint also quasi gefährlich, denn sie ist zu nahe an der inneren Leere, aus der allerhand Unverarbeitetes ploppen könnte. So nutzen viele lieber einen (Seitensprung-)Partner als

Krücke, tauschen laue Ablenkung gegen Langeweile ein. Manche flüchten mit ihrem Seitensprung auch aus einem langweiligen Leben, beispielsweise wenn der Familienalltag zähe Routine geworden ist. Manchmal ist es leichter, sich einen Kick in einer Affäre zu holen, als sich mit der eigenen Familie zusammenzusetzen und den Alltag anhand aktiver Entscheidungen lebhafter, liebevoller, abwechslungsreicher, befriedigender oder auch weniger belastend gemeinsam zu gestalten. Dann wird ein Seitensprung einfach zur Feigheit gegenüber den Menschen, die uns eigentlich am nächsten stehen sollten. Eigentlich. Nur eigentlich, denn wie nahe fühlen wir uns ihnen tatsächlich, wenn wir ihnen gegenüber nicht ehrlich unsere Änderungswünsche kommunizieren können? Die Themen unseres inneren Kindes verhindern auch hier zuverlässig tatsächliche Nähe.

Eine zu grosse Belastung innerhalb der Familie oder der Partnerschaft kann ebenso zu einem Seitensprung verleiten. Wiederum wird das Fremdgehen zum Fluchtmittel. Die Drittperson wird «missbraucht», um sich mit schönen Stunden von Problemen abzulenken. Als Zerstreuung und Ablenkung dient das Fremdgehen also in jedem Fall. Anstatt in sich selbst nachzuforschen, warum der Impuls oder Wunsch für einen Seitensprung auftaucht – und an diesem wunschauslösenden Thema bewusst zu arbeiten, wählt man den einfachen Weg und hüpft in ein fremdes Bett. «Aufschieberitis!», wie wir Schweizer es nennen, denn ein Seitensprung löste noch selten Probleme. Nicht selten tauchen nach dem Fremdgehen Langweile oder Leere umso massiver und schmerzhafter auf.

Aus spiritueller Sicht sollte uns bewusst sein, dass die

sogenannte «freie Liebe» ein Zerstreuen von Energien ist. So oder so hinterlässt das Fremdgehen Spuren in einem selbst. Da die meisten Menschen einen Seitensprung als verwerflich beurteilen, zieht er oft auch Schuldgefühle und eine gewisse Entfremdung zum Lebenspartner nach.

Richtig schwierig wird es, wenn eine Person nach dem Kick des Seitensprunges süchtig wird. Wer ständige Partnerwechsel geniesst, kann in einen Strudel der Abhängigkeit geraten. Ich muss wohl kaum betonen, dass eine solche Abhängigkeit viele Komplikationen mitbringt und irgendwann nur noch sehr schwer zu verbergen ist.

Energetisch entfernt sich der Fremdgehende immer mehr aus der Partnerschaft. Vielleicht wird der Sex zeitweise mit dem Partner zwar besser, aber die innige Verschmelzung bleibt verwehrt. Denn das Kopfkino des Fremdgehenden zieht seine Energie in die Ferne. Eine echte körperlich-geistige Begegnung in voller Liebe ist nicht mehr möglich.

Hinter einem Bedürfnis steckt oft eine unerwartete Antriebsfeder, die es nährt. Erkennen wir also quasi das echte Bedürfnis hinter dem Wunsch, kann sich der Drang nach einem Seitensprung plötzlich komplett auflösen.

Fragen:

- Kenne ich das Bedürfnis, fremdgehen zu wollen?
- Welches tatsächliche Bedürfnis steckt hinter diesem Wunsch?
- Kann ich mir dieses eventuell erfüllen, sodass ein Seitensprung überflüssig wird?

Lücken

Wer von einer Partnerschaft in die nächste hüpft, läuft Gefahr, sich einen Lückenbüsser zu angeln oder selbst zu einem solchen zu werden. Wir Menschen ertragen Lücken nur sehr schlecht, da sie uns die eigene innere Leere spüren lässt. Nach einer Trennung fühlen wir uns oft besonders verletzlich, haltlos und nirgends zugehörig. Vielleicht bringt sie auch eine tatsächliche Entwurzelung mit in Form eines Umzuges. In dieser sensiblen Lebensphase taucht allzu oft die Angst auf, für den Rest des Lebens alleine bleiben zu müssen.
Wenn wir diese Lückenzeit bewusst durchleben, können wir die vergangene Partnerschaft und die Trennung aufarbeiten. Dieses bewusste Innehalten ermöglicht, wiederkehrende Muster zu erkennen und sie zu durchbrechen. Nur so vermeiden wir, dass wir immer und immer wieder die gleichen leiden alten Erfahrungen mit neuen Partnern durchleben.
Lücken sind also ein Geschenk, ein Aufatmen. Sie werfen uns bestenfalls auf uns selbst zurück und lassen uns selbst wieder spüren.

Fragen:

- Was lief schief?
- Warum scheiterte die Liebe?
- War es wirklich Liebe?
- Wie soll eine nächste Partnerschaft aussehen?
- Möchte ich überhaupt wieder eine Partnerschaft?
- Was fehlte mir in der Vergangenheit und was fehlt mir als Single?

- Aus welcher Bedürftigkeit wünsche ich mir einen Partner?
- Würde ich mich selbst als Partner wählen?

Sexualleben

Nach Kapiteln wie «Eigene Spielregeln» und «Story» ist klar: Das Sexualleben ist nur eine Story, die Sie in beliebigen Varianten erzählen können.
Wenn Sie jedoch eine höhere, feinere Frequenz der Liebe anstreben, wird sich Ihr Bedürfnis nach Sex ändern. Vielleicht verändert sich die Form der Begegnung, wird vom sehr körperlichen «Abarbeiten» immer achtsamer, sanfter, ätherischer? Die Vereinigung ändert ihre Priorität, ihren Fokus. Das Körperliche wird zum Instrument, damit sich zwei Seelen energetisch begegnen.
Sex ist manchmal eine Ersatzhandlung, um Langeweile oder Gespräche zu vermeiden. Sich in das Körperliche zu flüchten, kann für manche einfacher sein, als Klartext zu sprechen und Gefühle offenzulegen. Weil man sich nicht wirklich mit dem Leben (und dem Gegenüber) auseinandersetzen möchte, hat man Sex. Ist er Ersatzhandlung oder Vermeidungsstrategie, bleibt Sex schal.
Der Wunsch nach inniger Begegnung und energetischem Tanz ist eine wunderbare Voraussetzung für sexuelle Erfüllung auf vielen Ebenen. Dafür braucht es die Bereitschaft, sich wirklich zu öffnen und zu zeigen, sich und den anderen im Ganzen sehen und spüren zu wollen.

Gut möglich, dass die Sexualität komplett auf eine höhere Schwingungsebene wechselt und die Verschmelzung rein auf energetischer Ebene geschieht. Ist es dann überhaupt noch nötig, dass zwei Menschen in einer Partnerschaft sind? Nein, nötig nicht. Die Seelen können sich unabhängig davon innigst begegnen. Und doch können sich zwei in Freiheit und Liebe wählen und die körperlich-seelische Verschmelzung geniessen.

In welcher Form und Intensität das Bedürfnis nach Sex besteht, ist auch eine Frage der Schwingung. Sexualität hilft, sich wieder zu erden – was in unserer Welt durchaus wichtig ist, um als Menschenspezies überhaupt zu überleben. Ohne Vereinigung zweier Körper oder im Labor gäbe es keine Fortpflanzung mehr, klar. Erdung ist jedoch auch sexfrei leicht möglich. Als Kind erdeten wir uns automatisch, indem wir beispielsweise im Sandkasten wühlten oder Fussball spielten.

Frauen pflegen eine aktive Sexualität oft, weil sie so ihrem Partner (endlich) nah sein können. Sie geniessen die Berührung und Zärtlichkeit mehr als den Geschlechtsakt. Für sie ist Sex auch oft Bestätigung, vom Partner noch begehrt zu werden. Ein Quell der Aufmerksamkeit und Wärme also.

Eine Liebesbeziehung muss nicht zwingend Sexualität beinhalten. Asexuelle zeigen uns beispielsweise, wie Sexfreiheit ohne einem Mangelgefühl gelebt und geliebt werden kann.

Fragen:

- Wie wichtig ist mir Sexualität?
- Welche Motivation steckt dahinter?

- Kann ich Schwingungsunterschiede in den körperlichen Begegnungen erkennen?

Pornografie

Wie das Fremdgehen können auch Pornos zur Sucht werden. Das, was uns in ihnen gezeigt wird, sind Storys, um den Sexualtrieb gezielt «abzuarbeiten». Eine wirkliche Begegnung ist logischerweise nicht möglich. Die Erfahrung einer Verschmelzung auch nicht.
Die Art des Pornos, die uns erregt, ist eine Botschaft. Womit treten wir in Resonanz? Was stimuliert uns? Auch hier sind Hinweise zu unerledigten Themen zu finden.
Alleine schon die Stimulation oder Inspiration verlangt nach einer energetischen Verbindung mit dem Pornovideo. Wir können nicht neutral zuschauen, sondern lassen uns von der Stimmung antörnen oder abschrecken.
Die Liebe der neuen Zeit beinhaltet die bewusste Wahl, womit wir uns verbinden möchten. Soll es ein Porno sein? Wählen Sie bewusst und weise. Jeden Tag neu.

Fragen:

- Was gibt mir ein Porno?
- Welche Art von Pornos spricht mich an? Warum?
- Mit welcher höher schwingenden Alternative könnte ich das Pornoschauen ersetzen?

SCHULD

Schuld ist ein menschliches Konzept und sehr tiefschwingend. Denn Schuld setzt die energetische Trennung voraus. Spüren wir Schuld oder weisen wir jemandem Schuld zu, sind wir weit weg von der Verschmelzung. Diese Trennung verursacht Schmerzen.
Schuld setzt voraus, dass jemand Fehler machen kann. Aus der höheren Warte, also aus seelischer Sicht sind Fehler unmöglich. Es gibt keine Fehler, nur Erfahrungen. Das heisst nicht, dass alles ungestraft bleibt. Nein. Solange wir in der Dualität sind, ziehen Ursachen entsprechende Wirkungen nach. So ist in unserer Alltagsfrequenz durchaus Schuld möglich und spürbar, auf seelischer Ebene hingegen gibt es nur Absprachen für gemeinsame Erfahrungen.
Schuld hat in zweifacher Weise mit Schmerz zu tun. Die energetische Trennung ist einerseits schmerzhaft, andererseits hilft sie, dem Schmerz vergangener, gespeicherter Erfahrungen zu entwischen. Schuldzuweisung ist eine Weigerung, die Realität hinter der Story zu erkennen. Gerade in der Liebe ist Schuldzuweisung ein beliebtes Mittel, um der eigenen Verantwortung auszuweichen. Schuldzuweisung hält uns unbewusst. Nach einem ausgelösten Trigger hilft sie uns, die Lernlektion dahinter nicht reflektieren und lösen zu müssen.
Somit sind Schuldzuweisungen kurzfristig immer die bequemere Wahl, langfristig entpuppen sie sich aber als Umweg. Warum? Weil sie uns in der Trennung und in der Illusion der Story gefangen halten. Sie verschleiern uns die Sicht auf die Realität, auf die Einheit. Somit

müssen wir noch weitere Runden drehen, bis wir genug bewusst sind, um statt der Schuld die Verantwortung zu sehen.

Fragen:

- Wer steht noch in meiner Schuld?
- Wo empfinde ich mich noch als schuldig?
- Welche andere Story könnte ich stattdessen erzählen?
- Wie könnte ich meine Einstellung dazu ändern, damit ich freier werde?

Erwartungen

Erwartungen sind da, um enttäuscht zu werden. Kein Mensch wird exakt unseren Wünschen entsprechen. Wir können zwar Wünsche an unseren Partner und an unsere Mitmenschen haben, ob diese erfüllt werden, liegt nicht mehr in unserer Entscheidungsgewalt. Auch Sie möchten bestimmt nicht in einem engen Korsett der Erwartungen anderer leben müssen. Keiner möchte das. Erwartungen sind Einengung. Sie töten die Möglichkeiten. Lassen Sie sich stattdessen überraschen –von Ihrem Partner, Ihren Mitmenschen und dem Leben selbst. Oftmals übertrifft die Überraschung unsere Vorstellungskraft des Möglichen. Oft ist das Leben so viel raffinierter, als dass wir es uns mit unserem begrenzenden Verstand ausmalen könnten.

Enttäuscht jemand unsere Erwartung, verursacht dies in uns meistens Widerwillen. Wir verurteilen und bewerten dieses Verhalten – und lehnen uns dagegen auf. Warum? Was bringt dies? Linderung? Verändert sich dadurch irgendetwas und die Enttäuschung ist ungeschehen? Wohl kaum. Tatsächlich verstärkt unser Widerwillen die Energie des Gefühls «Enttäuschung».
Erst wenn wir uns an die Wirklichkeit erinnern, finden wir in jeder Situation Frieden. Die Wirklichkeit ist: Der andere darf genauso sein, wie er ist. Er darf unseren Erwartungen NICHT entsprechen. Wir wiederum dürfen auch seine NICHT erfüllen.

Fragen:

- Von welchen Menschen erwarte ich besonders viel?
- Wie oft werden meine Erwartungen enttäuscht?
- Haben Erwartungen irgendeinen Vorteil?
- Wie könnte ich weniger erwarten?

Macht und Patriarchat

Lösen Sie sich von der Idee, dass ein anderer Mensch Sie glücklich machen wird. Mit dieser Vorstellung geben Sie die Macht über Ihr Lebensglück ab. Nein, Sie sind der einzige Mensch, der für Ihr Glück verantwortlich ist.
Genauso dürfen Sie die Vorstellung loslassen, einen anderen Menschen glücklich machen zu müssen. Auch dies ist nicht möglich. Schlussendlich steckt jeder in seiner

eigenen Haut und spürt nur selbst, was für ihn Glück bedeutet. Dieses Glück ist auch ein Momentum und wandelbar.
Macht über andere ausüben zu wollen, gehört zu den Mustern der alten Liebe respektive zu den alten Beziehungsformen. Das Patriarchat hat keinen Platz in der Zukunft. Diese Muster, die noch tief in uns stecken, verblassen mit jeder neuen Generation. Wir brauchen nicht dagegen anzukämpfen. Wir dürfen einfach die neue Gleichberechtigung leben. Fokussieren wir uns auf das Neue, damit dieses gedeiht.

Fragen:

- Wo hänge ich noch in patriarchalen Mustern?
- Fühle ich mich für jemandes Glück verantwortlich?
- Mache ich jemanden für mein Unglück verantwortlich?

Gefühle kommunizieren

Das, was in uns selbst vorgeht, ist wirklich wichtig. Denn es färbt unser Erleben in jedem Augenblick.
Erst dann, wenn wir unseren Partner an unserem Innenleben teilhaben lassen, entsteht in einer Verbindung echte Tiefe.
Vielleicht erlebten wir mit einem Gegenüber schon viele schöne Stunden, hatten tollen Sex und sprachen über Tiefschürfendes, Vergangenes und Zukünftiges. Blieben

die Gefühle unerwähnt, fehlte jedoch die echte Berührung.
Gefühle machen uns nackig. Sie öffnen die Tür zu unserem inneren Kind. Muster und Prägungen werden sichtbar und deshalb versuchen wir oft, unsere wahren Gefühle zu verbergen. Mit dem Öffnen unserer Gefühlswelt werden wir erst verletzlich. Wir offenbaren vertrauensvoll unsere wunden Punkte. Erst dann, wenn wir vor unserem Partner wirklich verletzlich sein dürfen, ohne von ihm verurteilt oder bewertet zu werden, rücken wir vertrauensvoll zusammen und echte Nähe entsteht.

Fragen:

- Darf ich fühlen, was ich fühle?
- Erlaube ich mir diese Verletzlichkeit?
- Erlaube ich meinem Partner bewertungsfrei, sich echt zu zeigen?

Geben, nehmen, hingeben

Wer sich dem Jetzt hingibt, kann nicht anders, als ekstatisch zu leben. Das Jetzt ist Ekstase!
Wer sich voller Vertrauen dem Leben und der Liebe hingeben kann, lebt ekstatisch.
Viele Menschen haben ein Problem damit, Liebe anzunehmen. Sobald eine Bindung näher und enger wird, flüchten sie. Die Befürchtung, der andere könnte gehen, wenn er alle Mängel und Ecken wahrnimmt, kann mäch-

tiger sein als der Wunsch nach Zweisamkeit. Einen grossartigen Schritt weiter ist derjenige, der diese Angst bei sich erkennt. Nach der Erkenntnis kann er sein Fluchtbedürfnis hinterfragen, sobald es auftaucht. Und er kann sich vielleicht eines Tages durchringen, zumindest probeweise anders zu reagieren – und zu bleiben.

Wie wäre es, einfach mal anzunehmen und sich hinzugeben? Einfach einmal Ja zu sagen zu dem, was das Leben respektive das Gegenüber gerade schenken möchte? Wenn dieses Geben aus Liebe geschieht – und nicht aus Berechnung wie bei einem Kuhhandel –, so ist es für beide gleichermassen ein Geschenk. Wird das Geben vom anderen nicht angenommen, so wird die Verbindung ziemlich sicher irgendwann kritisch kippen. Die Partnerschaft erfüllt sich in der Interaktion miteinander – im Geben und im Nehmen. In der Begegnung zweier Herzen.

Wer geben darf und spürt, dass seine Gaben willkommen sind, fühlt sich gesehen. Natürlich darf dies keine Einbahnstrasse bleiben. Wer nur geben möchte, raubt dem anderen die Chance, sich ebenfalls zu verschenken. Ein gesundes Gleichgewicht verzaubert die Partnerschaft.

Eine Partnerschaft der neuen Zeit möchte genau dies: Sich verschenken, dem Gegenüber Liebes tun und ihm ein Lächeln in den Alltag zaubern – sich der Liebe und ihrer ureigenen Kommunikation des Gebens und Nehmens hingeben.

Hingabe bedeutet die Aufgabe des Egos und beendet das Macht- und Rechthabenwollen. Hingabe ist vertrauensvolles Verbinden.

Fragen:

- Vertraue ich genug, um mich einer Partnerschaft hinzugeben?
- Was würde einer tieferen Hingabe dienen?

ALLEINSEIN

Es gibt Phasen in unserem Leben, in denen ein Partner schlicht stören würde. In diesen wichtigen Zeiten des Alleinseins reift eine Person anders, als wenn sie in einer Partnerschaft wäre. Wer sich ständig als Team fühlt und sich über den «erfolgreichen» Beziehungsstatus definiert, verpasst die Geschenke des Alleinseins. Die Orientierung nach aussen erspart uns viel zu oft den Blick nach innen. Unzählige Menschen spüren bewusst oder unbewusst geradezu panische Angst, nach innen zu schauen. Viele befürchten, nicht zu mögen, was sie in sich selbst entdecken, spüren und erfahren könnten.
Wer sich selbst nicht mag, hat auch keine Lust, Zeit mit sich zu verbringen. Das Alleinsein kann dann tatsächlich zu einer sehr schmerzhaften Erfahrung werden. Ein Mensch voller Selbstliebe schätzt die Zeit mit sich alleine. Er ist sich bewusst, dass er nur so eine andere Tiefe des Seins erfahren kann. Komplett ohne Ablenkung einfach nur zu sein – das ist ein unsäglich wertvolles Geschenk des Alleinseins. In der Meditation sind wir alle allein. In der Erfahrung der Geburt und des Todes ebenfalls. Gleiches gilt für die Erleuchtung.

Präzise betrachtet sind wir immer alleine, solange wir in einem physischen Körper stecken. Zwei Körper bleiben immer zwei Körper. Im Alleinsein trifft der Mensch auf ein Paradox, denn er erkennt, dass er nie wirklich alleine ist. Er ist alleine und doch auf einer nichtkörperlichen Ebene in jedem Augenblick mit allem verbunden. Diese tiefe Wahrheit nicht nur zu wissen, sondern auch tatsächlich zu spüren, begeistert unendlich.

Wer sich dazu entschliesst, das Alleinsein in seinem Leben wirklich mit allen Höhen und Tiefen zu erforschen, der entdeckt ekstatische Erfahrungen.

Wer alleine sein kann, wird Schritt für Schritt zwingend zur Selbstliebe finden. Im Alleinsein können wir Frieden mit unseren Schatten schliessen. Unser Partner kann uns zwar an Lernlektionen heranführen, die Blockaden in unserem Innern jedoch lösen wir durchs bewusste Erkennen.

Die Heilung unserer tiefsten Wunden, die Aussöhnung mit unserem inneren Kind, das eigene Wesen wirklich erfahren – all dies ist nur alleine möglich. Erst im Alleinsein reifen wir zu einer Person, die eine echte Herzenspartnerschaft leben kann.

Fragen:

- Wie gut kann ich alleine sein?
- Geniesse ich die Zeit des Alleinseins oder versuche ich sie so schnell wie möglich zu überbrücken?
- Welche Veränderungen durfte ich bereits aus dem Alleinsein erfahren?

Bedürftigkeit

Wenn wir etwas brauchen, sind wir bedürftig. Diese Bedürftigkeit wächst aus unserem inneren verletzten Kind, das Mangel erleben musste. Bedürftig fühlen wir uns, wenn uns etwas fehlt, wir also einen Mangel empfinden. Das göttliche Kind kennt keinen Mangel, da es im Hier und Jetzt lebt und sich einfach freut über das, was da ist. Wenn es uns möglich ist, unsere eigene Bedürftigkeit selbst zu stillen, werden wir für echte Liebe frei. Missbrauchen wir jedoch unseren Partner, um unsere Bedürfnisse erfüllen zu lassen, so ist dies eine Ego-Beziehung, ein fauler Handel, ein Geschäft à la «Du gibst mir, dann gebe ich dir».

Zwei verletzte innere Kinder verlieben sich ineinander und sind bedürftig. Siehe auch Kapitel «Das verliebte innere Kind».

Wonach sehnen wir uns? Liebe, Nähe, Anerkennung, Respekt, Aufmerksamkeit ... Wer sich danach sehnt, wird leiden. In unserer Welt laufen Bedürftige umher und hoffen, all dies bei anderen Bedürftigen zu finden. Wenn jedoch alle wollen, gibt es nichts zu geben. Logisch. «Neee, bei mir ist das anders», mögen wir denken. Doch auch die Erwachtesten unter uns sind nicht zu 100 Prozent frei von Bedürftigkeit.

Wer Liebe, Nähe, Anerkennung, Respekt und Aufmerksamkeit in sich fühlt und weitergeben möchte, der hat einen Grossteil seiner eigenen Bedürftigkeit eingetauscht für ein Leben als Fühlender und Gebender. Dieser Mensch ist erfüllt. Hell leuchtend wird er Menschen anziehen.

Wir können uns selbst geben, was wir brauchen, und unserem inneren Kind ebenfalls. Wie? Wichtig ist zu verstehen: Sie können sich nur nach etwas sehnen, was Sie von der Energie her kennen oder sich zumindest vorstellen können. Setzen Sie sich hin und holen Sie im Geist heran, wonach Sie sich sehnen. Baden Sie in dieser Energie, schwelgen Sie genüsslich darin! Laden Sie Ihr inneres Kind dazu ein und geniessen Sie diese Energie gemeinsam, bis Sie sich wieder wohl fühlen.

Alles, was Sie brauchen, ist energetisch ganz nah. Konzentrieren Sie sich bewusst darauf. Jedes Mal, wenn Sie dies tun, laden Sie ausserdem das Universum dazu ein, diese Energie auch auf der materiellen Ebene zu manifestieren. Wenn Sie durchhalten, so ist es eine Frage der Zeit, bis Sie diese Energie ganz natürlich und real in Ihrem Alltag erleben dürfen.

Fragen:

- Wonach sehne ich mich?
- In welcher Beziehung taucht meine Bedürftigkeit besonders auf?

Zugehörigkeit

Dieses Kapitel schreibe ich am 24. Dezember. Das Bedürfnis nach Zugehörigkeit ist mit der Bedürftigkeit verwandt. Gerade an Festtagen, den typischen Tagen für Familienanlässe, wünschen wir uns besonders zu wissen, wohin und zu wem wir gehören. Das Gefühl der Zugehörigkeit schenkt uns Sicherheit. Und das Sicherheitsbedürfnis gründet in unserer Kindheit und ist somit wiederum bei unserem inneren Kind verankert. Als Kinder brauchten wir von unseren Angehörigen unbedingt die Sicherheit und das Gefühl der Zugehörigkeit, da wir sonst auch rein physisch gar nicht hätten überleben können. Wir mussten wissen, wo wir bekamen, was wir brauchten: Nahrung, Pflege und Nähe. Wurden unsere Grundbedürfnisse nur bedingt erfüllt, fehlten beispielsweise Nähe, Wärme und Aufmerksamkeit, so entstanden Gefühle des Verlustes und Mangels. Diese begleiten die meisten Menschen bis tief ins Erwachsenenalter.

Gute, harmonische Kindheit hin oder her – unser Grundbedürfnis nach Sicherheit wurde nie zu 100 % erfüllt. Das ist gar nicht möglich, wie ich im Kapitel «Verlassenheitswunde und Eifersucht» bereits beschrieben habe.

Für viele ist es ein absoluter Horror, an Geburtstagen oder Weihnachten alleine zu sein. Das innere Kind schreit an solchen Tagen umso eindringlicher nach Liebe. Das Gefühl der Zugehörigkeit scheint uns zu versprechen, dass alles in Ordnung ist. «Wir sind nicht alleine» – nicht alleine mit der Leere und Haltlosigkeit, die wir Menschen im Grunde 24 Stunden am Tag mit allen Mitteln verdrängen. Das Gefühl der Zugehörigkeit klebt ein Pflaster darauf, verbindet zwei, drei oder eine ganze Familienbande voller Einsamer miteinander. Wie tröstend diese Illusion doch ist.

Ein schaler Nachgeschmack poppt auf, wenn wir an solchen Festtagen die ersehnte Harmonie verpassen, weil Streit oder unschöne Diskussionen auftauchen. Unzählige Menschen spüren in Gesellschaft ihre eigentliche

Einsamkeit umso deutlicher. Und doch bevorzugen die meisten Menschen ein unschönes oder unstimmiges Zusammensein statt des Alleinseins.
Die Erkenntnis öffnet der Heilung die Tür: Jeder Mensch ist und bleibt alleine. Unsere Körper sind in sich abgeschlossen und selbst bei innigster Sexualität ist eine absolute körperliche Verschmelzung unmöglich. Während des Heilungsprozesses hilft es, sich immer wieder hinzusetzen, nachzuspüren, die wahren Bedürfnisse und Gründe zu reflektieren – und immer wieder voller Hingabe anzunehmen, was gerade auftaucht und ist. Wer diesen Weg konsequent geht, erkennt und spürt früher oder später die Zugehörigkeit in sich selbst. Die tiefe Erkenntnis taucht auf: Alles ist gut und richtig.

Fragen:

- Warum ist mir das Zugehörigkeitsgefühl wichtig?
- Zu welchen Menschen fühle ich mich tatsächlich zugehörig?
- Brauche ich die Zugehörigkeit, um mich sicher zu fühlen?

Liebe, Zeit und Ort

Die Liebe der neuen Zeit ist nicht orts- und zeitgebunden. Sie funktioniert über alle Grenzen und jede Zeit hinweg. Die Nähe kann sich auf die energetische Ebene beziehen, sodass körperliche, geographische Nähe nicht

zwingend notwendig ist. So ist es möglich, sich einem Verstorbenen weiterhin sehr nahe zu fühlen. Oder dem Partner, wenn er nicht bei uns ist. Die gemeinsame Energiewolke besteht weiterhin und verbindet.
Manche Menschen denken, den Grad der Verbundenheit an der Zeit ablesen zu können, die zwei miteinander verbringen. Ich behaupte das Gegenteil: Am Grad der Freiheit, die zwei Liebende sich gegenseitig zugestehen, ist die echte Verbundenheit zu erkennen.

Fragen:

- Mit welcher Person habe ich die ortsunabhängige Verbindung erlebt?
- Woran erkenne ich persönlich echte Verbundenheit?

Berauschende Ersatzhandlungen

Leider ist es sehr einfach, nach Medikamenten oder Rauschmitteln zu greifen, um Angst und Schmerz nicht mehr spüren zu müssen. Alle diese Stoffe, von der Zigarette, dem Alkohol bis zu den harten Drogen, schaffen Distanz zu unserem innersten Kern. Ängste, Schmerz und Defizite rücken von uns ab und sind weniger präsent.
Jeder Griff zum Glas oder Joint ist ein Nein zu uns selbst. Denn damit weigern wir uns hinzusehen, zu erkennen, anzunehmen und zu heilen. Mit Rauschmitteln verwei-

gern wir uns der Heilung. Traurig, nicht wahr?
Wer aufhört zu fliehen – und stattdessen bereit ist zu fühlen, nähert sich seiner Ganzwerdung. Wird diese Wahrheit tief im Inneren erkannt, schmeckt jedes Bier schal und jeder Wein abgestanden. Die Zigarette verliert ihren Reiz und der Joint entpuppt sich als lächerlicher Nebel.
Wer reifen will, erkennt die Illusion der sogenannten «Genussmittel», ihre schalen Versprechen, die irgendwann eventuell noch einen hohen gesundheitlichen Preis einfordern.
Wer reifen will, empfängt die Gefühle, die aufsteigen, und lernt ihre Botschaften zu verstehen.

Fragen:

- Womit versuche ich mich noch (oft) zu betäuben?
- Was will ich nicht spüren?
- Welche Gefühle begrüsse ich neu in meinem Leben?
- Was wollen sie mir sagen?

Sensibilität

Wir alle lernen als Kind früh, unsere Sensibilität zu verstecken. Aussagen wie «davor brauchst du doch keine Angst zu haben» oder «ein Junge weint nicht» lehren uns, dass Sensibilität nicht angebracht oder irgendwie falsch ist. Vielleicht wurde sie sogar belächelt, was unser Kindergemüt schmerzte. So legen wir uns eine Maske

um die andere zu, verkleistern mit ihnen unsere Sensibilität, bis wir sie selbst nicht mehr spüren.
Irgendwann werden wir vielleicht gescheiter und entdecken, wie kostbar Sensibilität tatsächlich ist! Sie lässt uns erst richtig lebendig und kreativ sein. Mit dieser Erkenntnis beginnt der mühsame Abbau der Masken – eine nach der anderen darf wegfallen.
Hochsensible Menschen versuchen oft verzweifelt, sich eine Elefantenhaut zuzulegen. Falsch! Der Sinn des Lebens ist nicht, immer noch mehr Masken aufzusetzen und sich eine dickere Haut wachsen zu lassen. Nein, das Leben wünscht sich von uns zu leben – und zwar ganz. Dafür müssen wir «nackt» werden.
Hochsensible sind keine einfachen Partner, da sie in einem lauten, hektischen Umfeld schnell auspowern. Sie haben einfach einen Zacken mehr Eindrücke zu verarbeiten als Normal-Sensitive. Sie sind nicht weniger belastbar, sondern bei Ihnen dringt tatsächlich mehr Belastendes durch die neuralen Filter. Dank ihrer Empathie, Kreativität und oft ausgeprägter Begeisterungsfähigkeit sind sie Sonnenscheine des Lebens. Und wer mit einer solchen Perle zusammen sein darf, kann sich gesegnet fühlen.
Liebe Hochsensible, ich bitte euch, betrachtet eure Sensibilität und Sensitivität als Geschenke. Hört auf, sie ständig zu verdrängen oder gar zu bekämpfen. Sie sind eure Gaben und können euch durch ein wunderbares Leben navigieren, das farbig, bunt und erlebnisreich ist. Legt die Waffen nieder und öffnet eure Arme für die Sensibilität!

Fragen:

- Wo erlaube ich mir noch nicht, meine vollumfängliche Sensitivität und/oder Sensibilität zu leben?
- Welche Glaubenssätze rund um dieses Thema schlummern noch in mir, die ich ablegen möchte?

Dualität und Polarität

In jedem Mann steckt Weibliches. In jeder Frau steckt Männliches. Eine innige Liebe spiegelt uns die Qualitäten unseres inneren Mannes, unserer inneren Frau. Aspekte werden in uns berührt, von denen wir vielleicht nichts wussten. In der Begegnung dürfen sie neu erwachen und uns bereichern.

Dieser innere Mann und die innere Frau haben nichts mit unserer sexuellen Orientierung zu tun. Sie sind in uns allen vorhanden und wir alle leben sie mehr oder weniger.

In einer Partnerschaft dürfen wir gemeinsam den Tanz der Polarität geniessen und verborgene Aspekte aufdecken. Ist wahre Liebe da, hebt sich die Dualität gefühlt für einen Moment der Verschmelzung auf. In der Meditation ist dies ebenfalls möglich. Wir ahnen für einen Augenblick die Einheit und Unendlichkeit ausserhalb der Dualität. Danach suchen wir sehnsüchtig ein Leben lang.

Fragen:

- Welches sind meine weiblichen oder männlichen Aspekte, die ich zu verstecken versuche?
- Wie könnte ich sie besser integrieren?
- Muss ich mit einem Aspekt dafür erst Frieden schliessen?

Innere Leere

Die Angst vor der inneren Leere ist eine der intensivsten. Oft ist sie mehrschichtig von anderen Ängsten überdeckt. Wer nicht alleine sein kann, hat im Grunde Angst, dieser inneren Leere zu begegnen und sie nicht aushalten zu können. Denn innere Leere fühlt sich an wie ein unendlich tiefes Loch, in das wir fallen können. Werden wir jemals wieder rausfinden?

Die Angst vor der inneren Leere ist eine Existenzangst. Wir fürchten uns davor, uns in der Schwärze und Sinnlosigkeit komplett zu verlieren ... und zu sterben.

Wie entsteht diese innere Leere? Was ist sie?

Die innere Leere ist da, wenn wir selbst abwesend sind. Vielleicht erinnern Sie sich an Kindheitsmomente, als Sie alleine waren und sich fürchteten. Da spürten Sie schmerzhaft die Abwesenheit der Menschen, die Sie lieb(t)en und denen Sie vertrau(t)en. Allen voran spürten Sie in diesen düsteren Momenten schmerzlich das Fehlen Ihrer Eltern.

Sie fühlten sich alleine, haltlos und mit Leere konfrontiert. Als Kleinkind konnten Sie nicht wissen, dass dieser Zustand ziemlich sicher wieder vorbeigehen würde. Sie konnten nicht sicher sein, dass Ihre Eltern zurückkehren und Sie weiterhin liebhaben werden.

Es gibt noch weitere Gründe für die innere Leere. Wenn ein Kind in einem toxischen Umfeld aufwächst, kann es das Gefühl zu sich selbst komplett verlieren. Ist ihm immer diktiert worden, wie es zu sein hat, so spürt es sich selbst nicht mehr. Eines Tages, vielleicht erst im späten Erwachsenenalter, realisiert dieser Mensch, wie sehr er «verzogen» und «verbogen» wurde. Fallen dann diese Fremdprägungen weg, ist auch meistens erst eine tiefe Leere da. Er fühlt schlimmstenfalls nichts mehr. Erst nach und nach kann er nach diesem Grounding wieder die Verbindung zu sich selbst kennenlernen.

Unabhängig vom Auslöser ist das Gefühl der inneren Leere fast immer auf ein Kindheitstrauma zurückzuführen. Problematisch ist, dass Ihr inneres Kind die Gefühle und Gedanken damals speicherte und sie Ihnen bis heute immer wieder auftischt – beispielsweise als innere Leere. Wenn Sie also mit innerer Leere konfrontiert werden, spüren Sie die Existenzangst oder das Nicht-so-sein-dürfen des verletzten inneren Kindes. Wenn Sie als Erwachsene nicht bewusst genug darauf reagieren, so dauert dieser Zustand der inneren Leere an und kann Sie in einen emotionalen Strudel ziehen. Das innere Kind strampelt in seiner Angst und will um jeden Preis raus aus diesem schwarzen Loch.

Entscheidend ist, wie Sie nun auf diese Panik reagieren. Betäuben Sie die Leere mit Ersatzhandlungen, mit Alkohol, Zigaretten oder Drogen? Beliebte Fluchtstrategien sind auch unstimmige Partnerschaften, Sexsucht und

häufig wechselnde Sexualpartner, der ständige Drang nach Unterhaltung und Ablenkung mit Games, TV und Social Media. Wie viele Menschen greifen sofort nach dem Smartphone, wenn sie einen Moment freie Zeit haben? Ein scheinbar «leerer» Moment soll schnell gefüllt werden – sonst muss er gefühlt werden!
Was können Sie stattdessen tun? Erkennen Sie, was gerade abläuft, und holen Sie Ihr inneres Kind liebevoll aus dieser Leere. Seien Sie als Erwachsener für sich selbst anwesend – und zwar so sehr, wie Sie es sich damals als Kind von Ihren Nächsten gewünscht hätten. Sehen Sie hin, spüren Sie hinein und trösten Sie Ihr inneres Kind, damit es sich beruhigt. Es darf heute so sein, wie es ist. So heilen Sie die Angst vor der inneren Leere: mit der liebevollen, fürsorglichen Anwesenheit Ihres erwachsenen Ichs.

Fragen:

- In welchen Situationen spüre ich besonders die innere Leere oder die Angst davor?
- Welches sind meine gewohnten Strategien, um die Leere nicht fühlen zu müssen?

Liebe als Sinn des Lebens

Der Ausstieg aus der Dualität ist der Sinn des Lebens. Dieses Erlebnis der Einheit erfahren wir je nach Ebene auf unterschiedliche Weise. Der Orgasmus ist die körperliche Erfahrung, die Liebe ist die seelische und auf spiritueller Ebene ist es die Verschmelzung mit allem, was ist.

Eine Partnerschaft kann also nicht der Sinn des Lebens sein. Sie kann aber als Teil oder als Schritt zur Sinnfindung verstanden werden. In einem Orgasmus können wir die Verschmelzung erfahren, die weit über das Körperliche hinausgeht. In einer sinnvollen Partnerschaft wachsen beide. Tatsächlich sind die wertvollen Partnerschaften vor allem jene, die uns voranbringen, indem sie uns triggern und so verborgene Themen hochsteigen lassen. Der Mensch lernt leichter durch Schmerzerfahrung.

Wer meditiert, kann mit Übung die Auflösung des Egos, also die universelle Verschmelzung erleben. Löst sich das Ego auf, gibt es kein Ich mehr. Sämtliche Grenzen sind weg. Ich bin Du, genauso wie ich ein Tropfen im Atlantik oder ein Kiesel in der Steinwüste bin.

Die unterschiedlichsten Erfahrungen zu sammeln und an ihnen zu wachsen, ist der Sinn des Lebens.

Dies beinhaltet auch, die Liebe in all seinen Formen und Farben, Tiefen und Höhen zu erforschen.

Fragen:

- Welche partnerschaftliche Erfahrung liess mich am meisten wachsen?
- In welchen Situationen spüre ich eine besonders innige Verschmelzung mit der Schöpfung?

Freiheit

Durch Erfahrungen sollen wir immer freier werden. Eine Partnerschaft – die intensive Auseinandersetzung mit einem Du – schenkt uns besonders viele Gelegenheiten, um solche befreienden Erfahrungen zu durchleben. Manchmal müssen wir dafür zuerst durch ein Nadelöhr der Einengung und Unfreiheit. Auch wenn es sich fallweise nach dem Gegenteil anfühlen mag, so ist Partnerschaft ein Befreiungsweg.

Wir tauchen in diese Welt voller Verpflichtungen, Ablenkung und Unterhaltung. Wir haben Tausende Möglichkeiten, wie wir denken, fühlen und (er-)leben können. Wie nutzen wir diese Wahlfreiheit? Werden wir zum Spielball unserer eigenen Storys? Hetzen wir der Erfüllung unserer Bedürfnisse nach? Oder nutzen wir all dies, um uns davon zu befreien?

Freiheit ist, wenn wir das Leben einfach so nehmen können, wie es uns begegnet – frei von Urteilen und Bewertung.

Freiheit in der Partnerschaft ist, wenn wir gemeinsam die Liebe leben – frei von Kontrolle, Bewertung und Projektion.

Fragen:

- Was bedeutet für mich persönlich Freiheit?
- Welche Story hindert mich an meiner Freiheit?

Trigger und Harmonie

Wenn Sie bis hierher lasen, wissen Sie: Der Partner ist die Person, die unsere Knöpfe am besten drücken kann. Er triggert uns und löst damit Lernlektionen aus. Was ich vermutlich noch zu wenig betont habe: Jeder Trigger ist wie ein blockiertes Energiepaket! Diese Blockaden – bestehend aus gespeicherten Erfahrungen – erschweren unser Leben.

Werden wir getriggert, so erhalten wir damit die Möglichkeit, die Blockade zu lösen und die darin gestaute Energie zu befreien. Damit steht sie uns wieder als Lebensenergie zur Verfügung. Je mehr Blockaden wir also angesammelt haben, desto weniger Lebensenergie können wir nutzen. Ein Mensch mit vielen Blockaden fühlt sich demnach kraftlos, oftmals überfordert und ausgelaugt. Zu viele Blockaden können ausserdem Krankheiten begünstigen.

Unangenehm, dass unser Partner oft die gleichen Lernlektionen mitbringt, sodass sich ein getriggertes Paar geradezu emotional hochschaukeln kann. Wir ziehen genau die richtige Person an, die unsere Lernlektionen zuverlässig berührt, damit wir aus dem Dornröschenschlaf erwachen. Natürlich könnten wir uns dagegen wehren und bei Ärger mit dem Finger auf unser Gegenüber zeigen: «Du bist schuld!» Wenn wir dies tun, laufen wir eine Extrarunde. Wir schieben die Lernmöglichkeiten auf später, da unsere Schuldzuweisung einer Verweigerung gleichkommt, den Triggerverursacher jetzt anzusehen und zu lösen. Dem Leben ist das egal. Es serviert uns unsere Lernlektionen so oft, bis wir für sie bereit sind.

Die Disharmonie innerhalb einer Partnerschaft aufgrund von Triggern ist also sehr wertvoll, wenn wir sie als Aufgabe verstehen und versuchen zu erkennen, was uns das Leben damit sagen möchte.

Heisst dies nun, dass ein harmonisches Miteinander, ohne zu triggern, gar nicht möglich ist? Jaein! Je freier wir sind, desto weniger Reibungspunkte bieten wir. Arbeiten wir unsere Trigger auf, so gibt es keine schmerzhaften Knöpfe mehr, die gedrückt werden können. Je weniger Angriffspunkte wir also bieten, desto harmonischer wird das Miteinander. Und umso leichter tanzen wir durchs Leben.

Die Harmonie in einer Partnerschaft zeigt somit den Grad der Freiheit und des Bewusstseins. Oder, auf der Kehrseite, die Feigheit des Paares, Triggerpunkte aufzuarbeiten. Natürlich können wir Harmonie auch als Flucht nutzen. Alle Trigger werden dann aus Feigheit einfach unterdrückt. Wegschauen und Ablenkung sind typische Merkmale. Damit bleibt eine Partnerschaft an der Oberfläche und wahre Nähe wird unmöglich. Welchen Weg ein Paar wählt, ob Befreiungsweg oder Flucht, ist ihrem Zusammensein leicht anzusehen. Wer sich nicht sicher ist, auf welchem Weg er mit seinem Partner ist, lebt vermutlich in einer Fluchtbeziehung oder schwankt hin und her. Der Befreiungsweg bedingt eine echte Entscheidung.

Seien wir also dankbar für jeden ausgelösten Trigger. Er ist eine Chance, gefangene Energie zurückzuerhalten und wichtige Schritte Richtung Harmonie und Freiheit zu gehen.

Fragen:

- Wie harmonisch ist meine Partnerschaft?
- Wie harmonisch sind meine Beziehungen zu Mitmenschen?
- Wie kann ich bewusst die Verhaltensebene wechseln vom inneren Kind zum Erwachsenen?
- Habe ich mich für den Befreiungsweg entschieden?

Gemeinsam wachsen

Nicht nur im Alleinsein stecken Chancen der tiefen Erkenntnis. Wenn wir fähig sind, mit unserem Partner ruhig und achtsam zu kommunizieren, ist gemeinsames Wachsen möglich. Je bewusster wir werden, desto schneller wird uns klar, wann uns ein Trigger in Verhaltensmuster aus der Vergangenheit schleudert. Anstatt zu explodieren und die Situation eskalieren zu lassen, können wir mit unserem Partner gezielt ein Gespräch suchen. Wichtig dabei ist, dass nicht die verletzten inneren Kinder, sondern die zwei Erwachsenen-Ichs miteinander sprechen. Nur so ist der Austausch bereichernd und friedlich.

Gemeinsam kann ein Paar die Trigger-Ursachen aufspüren. Der Getriggerte erklärt, was ihn gerade derart berührt und wie sich dies anfühlt – und gibt damit seinem Gegenüber die Chance, ebenfalls etwas zu erkennen und zu lernen. Vielleicht fühlt er ähnlich? Womöglich ist ihm gar nicht bewusst, welchen Schmerz oder welche Wut er

damit berührt?
Ein solches Gespräch kann sehr erlösend sein. Das Paar erreicht eine klärende Ebene, verweilt dort im Gespräch, und die zwei können gemeinsam eine Stufe höher steigen. Mit jeder Stufe wird die Luft klarer, die Bindung stärker und die Empfindungen tiefer. Beide Individuen reifen und werden freier: zwei freie Menschen, die entscheiden, ihren Weg gemeinsam zu gehen.

Fragen:

- Wie gesprächsbereit bin ich?
- Bespreche ich mit meinen Mitmenschen oder meinem Lieblingsmenschen ausgelöste Trigger?

Beziehungskiller

Nach all diesen Kapiteln ziehen wir ein Fazit: Beziehungskiller Nummer eins ist, wenn wir unserem inneren Kind erlauben, ungezügelt zu reagieren und seinen Wundenschmerz in die Welt zu schreien. Ist der Partner genauso unachtsam und unbewusst, reagiert sein inneres Kind wiederum auf dieses ungezügelte Verhalten. Beide schaukeln ihre Reaktionen hoch. Eine Dramabeziehung besteht und zerbricht wohl eines Tages.
Beziehungskiller Nummer zwei ist, wenn sich der Sinn einer Partnerschaft erfüllt hat und die beiden auseinanderdriften lässt. Einer der beiden begegnet beispielsweise einem neuen Partner und findet dort neue

Lernlektionen. Solche Partnerschaften enden meistens in einer friedlichen Trennung und münden sogar in einer wertvollen Freundschaft. Wobei eine Partnerschaft nicht zwingend auseinandergehen muss, wenn beide alle gemeinsamen Lernlektionen durchlebt haben. Sie kann auch in Frieden, Freude und Harmonie weiterbestehen. Denn erst jetzt ist wahre, hoch schwingende Liebe möglich.

Weitere Beziehungskiller kenne ich nicht. Denn alle Trennungsgründe sind auf einen der beiden zurückzuführen. Nicht berücksichtigt sind Schicksalsschläge wie der Tod eines Partners. Denn wenn eine echte Verbindung zwischen zwei Menschen besteht, die nicht nur den Körper, sondern auch Geist und Seelen betrifft, ist auch der Tod kein Beziehungskiller. Die Verbindung bleibt im Herzen über den Tod hinaus bestehen.

Fragen:

- Woran scheiterten meine vergangenen Partnerschaften?
- Stand hinter den scheinbaren, oberflächlichen Gründen in Wahrheit eine Dramabeziehung?
- Oder hatten sich die gemeinsamen Lernlektionen erlöst?

Ihr Warum

Warum wählen Sie gerade diese Frau oder diesen Mann? Warum entscheiden Sie sich für diese Partnerschaft? Was erhoffen Sie sich daraus? Ist es Liebe? Ist diese Liebe an Bedingungen geknüpft? Einige Frauen verwechseln Liebe mit Sicherheit und finanzieller Absicherung. Einige Männer verwechseln Liebe mit einem hübschen Aussehen und sexueller Attraktivität. Wer sich aus solchen Gründen auf eine Beziehung einlässt, prostituiert sich – verkauft sich für einen Zweck, den die Partnerschaft erfüllen soll. Was geschieht, wenn diese Gründe nicht mehr gegeben sind? Die finanzielle Absicherung in einem Totalverlust mündet? Die körperliche Attraktivität dem Alter weicht?
Wer nicht bereit ist, der auserwählten Person sein Gesicht und Herz ungeschminkt zu zeigen, sollte auch keine sexuelle Begegnung oder anderweitige Verschmelzung mit ihr eingehen.

Fragen:
Dieses Kapitel ist voller Fragen.

Der Richtige und die Eine

Ist er der Eine? Ist sie die Richtige?
Jede Erfahrung ist richtig. Denn es geht um die Erfah-

rung selbst. Nur Erfahrung lässt uns wachsen und freier werden von Traumata und hinderlichen Mustern.
Die meisten Menschen wandern durch eine oder mehrere Partnerschaften mit dem scheinbar «falschen» Gegenüber. Jaein, falsch war es nicht! Denn, wenn wir ehrlich mit uns selbst sind und mit neutralem, liebevollem Blick in die Vergangenheit blicken, können wir selbst die Lernlektionen erkennen. Wir sehen, woran wir echt wachsen konnten.
Manchmal führt uns unser Herz also in schwierige Situationen, da die Seele an ihnen wachsen möchte.
Ihre Herzensentscheidung verspricht Ihnen kein sorgenfreies Leben. Es verspricht Ihnen den Weg des Wachstums. Ob Sie ihn gehen oder nicht, müssen Sie selbst entscheiden.

Fragen:

- Wie bereit bin ich, den Weg des Wachstums zu gehen?
- Habe ich dafür den richtigen Partner an meiner Seite?

Der Weg

Wie schaffe ich den Wechsel von der alten zur Liebe der neuen Zeit? Ich glaube, dass wir uns auf den Weg der neuen Liebe erst begeben, wenn in uns ein echtes, tiefes, drängendes Bedürfnis erwacht. Vielleicht haben wir

nach vielen Erfahrungen die Nase voll von all dem Drama und Seilziehen? Wenn wir uns ans Reflektieren wagen, hinterfragen und hineinspüren, sind Erkenntnisse möglich. Diese begünstigen neuartige Entscheidungen, die uns wiederum neue Wege eröffnen.
Die Liebe der neuen Zeit ist ein Prozess, der mit Selbstreflexion beginnt. Er führt vom Verstand ins Herz, von den berechnenden Vorteilen einer Verbindung zur herzlichen Berührbarkeit. Jedes Reflektieren ist ein Schritt voran. Wer einmal mit diesem wahren Selbsterfahrungsprozess begonnen hat, spürt bald den magischen Sog, der immer weitertreibt.
Ein Zurück gibt es nicht. Wer einen Hauch von Tiefe erlebt hat, ist mit der Oberflächlichkeit nie mehr glücklich. Dann bleibt nur noch: sich dem Prozess hingeben. Er wird Sie durchschütteln, quetschen, schlagen, provozieren, würgen, durch alle Emotionen treiben … und befreien.

Mut zum Aufbruch

Schlussendlich kann ich Ihnen allerhand über die Liebe der neuen Zeit erzählen und zahlreiche Beispiele anreihen. Diese tiefe – oder hoch schwingende – Liebe erfährt nur, wer sich ihr hingibt. Schwimmen lernt nur, wer sich ins Wasser traut.
Dafür ist Mut nötig. Es braucht Mut, den eigenen Themen zu begegnen, sich aufbrechen zu lassen und immer

wieder neu verletzlich zu sein.
Wer diesen Mut aufbringt und sich der Liebe auf dem Weg immer wieder hingibt, wird ihre Energie erleben. Ihre Schwingung und Frequenz werden das Herz berühren und es zum Singen bringen.
Wenn Sie sich einen Leitstern in Ihrem Leben wünschen, wählen Sie den Weg dieser Liebe.
Denn wenn Sie sich immer und immer wieder neu für die Hingabe an sie entscheiden, transformiert Sie dies von «Ich liebe ihn/sie ...» zu «Ich bin Liebe».

Perfekt

Sie grübeln darüber, warum ausgerechnet Sie Single sind? Oder mit einem egoistischen Arsch zusammenwohnen? «Warum ist meine partnerschaftliche Situation so ... und nicht anders?», fragen Sie sich vielleicht?
Weil sie genau so sein muss. Sie sind Single, weil Sie es gerade sein müssen. Sie sind mit diesem Arsch zusammen, weil das gerade sein muss. «Wie lange denn noch?» Bis Sie die Lernlektion der Situation verstanden haben.
Der erste Schritt ist die Erkenntnis, dass ALLES genau richtig ist. Alles ist perfekt! Nicht für immer, sondern für diesen Augenblick. Ihre Seele macht keine Fehler. Vertrauen Sie darauf.
Wenn Sie nicht mehr Single sein sollen, wird das Leben dafür sorgen, dass der richtige Partner Sie findet. Unübersehbar. Wenn Sie nicht mehr mit dem egoistischen

Arsch zusammen sein sollen, wird Ihnen das Leben Erkenntnis und Durchblick schenken, damit Sie die Kraft und den Mut finden, diese Partnerschaft aufzulösen. Oder es tritt Hilfe an Sie heran, in welcher Form auch immer.
Sobald Sie die Lektion gemeistert haben, wird sich die Situation verändern.
Nehmen Sie die Situation also zu 100 Prozent an. Fragen Sie nach dem Sinn, schauen Sie genau hin. Das Leben spricht dauernd mit Ihnen. Meditieren Sie über die Situation und fragen Sie Ihre Seele, was Sie in diesem Augenblick verstehen und lernen sollen.
Ihre Seele kennt den Weg und die Wahrheit.
Wenn Sie gegen diese Seelenwahrheit entscheiden und handeln, spüren Sie dies anhand eines unstimmigen Gefühls. Und es wird etwas holpriger. Sie können aber Ihren Seelenweg nicht verpassen! Höchstens ein paar Umwege gehen.
Bitten Sie Ihre Seele um Hilfe. Immer wieder, wenn es sein muss.
Sie werden sie erhalten.
Vertrauen Sie darauf.

Raus aus dem Partnerschaftsspiel

Robert Scheinfeld schrieb ein geniales Buch, das – wenn mit offenem Geist gelesen – sehr bewusstseinserweiternd und befreiend wirkt: «Raus aus dem Geldspiel!». Seine Technik für unendliche Fülle funktioniert ebenfalls für das Lebensthema Partnerschaft. Dr. Joe Dispenza, Tom Mögele und vermutlich noch einige mehr bieten geniales Wissen, um aus einengenden Strukturen und hinderlichen Begrenzungen auszubrechen.

Wenn Sie in die unendliche Liebe eintauchen möchten, dann:

- Erkennen Sie das Spiel, Ihre eigene Rolle und jene Ihrer Mitmenschen.
- Werden Sie zum Betrachter des Spiels und der Rollen.
- Durchschauen Sie die Illusion.
- Werden Sie sich Ihres wahren Wesens bewusst: Sie sind unendliches Sein, das Zugang zu allen Möglichkeiten hat.
- Lächeln Sie über die Illusion und seien Sie dankbar für das Spiel, das Ihnen so viele wertvolle Erfahrungen ermöglicht.
- Bleiben Sie im Bewusstsein Ihres wahren Wesens, steigen Sie aus dem Spiel aus und leben Sie frei.

Wenn Sie so frei leben, wird jeder Mensch zum potenziellen Partner, da jeder Mensch Erfahrungen ermöglicht. Mit «Raus aus dem Partnerschaftsspiel» ist nicht gemeint, zwingend alleine zu leben. Nein, viel eher ist damit das Verlassen der Bühne gemeint, auf welcher ständig Triggerknöpfe gedrückt werden müssen und ein wiederholtes Seilziehen zwischen den Partnern stattfindet.
Wer diese Bühne verlässt, betritt eine neue Ebene des

bewussten Seins – mit oder ohne Partner. Sie leben frei von Bewertung und in Verbindung mit der unendlichen Liebe.
Alle sind richtig und alles ist gut.

Empfehlungen

Heute nahm ich intuitiv das Buch «Der Prophet» von Khalil Gibran in die Hände. Die Kapitel «Von der Liebe» und «Von der Freiheit» empfehle ich besonders. Wenn Sie Khalil Gibrans Worte parallel zu diesem Buch lesen, spüren Sie den Gleichklang. Unglaublich, dass ich dies erst jetzt kurz vor der Buchpublikation entdecke. Das, was wir über die Liebe der neuen Zeit schreiben, ist vom Sinn her also nicht unbedingt neu. Neu ist die weitreichende Bedeutung, die diese Liebe der neuen Zeit in Zukunft gewinnen wird. Auch dank Ihnen.

Leilani, Energetikerin & Blog, *atlantisenergie.com*
Wortfeger Media, Tanja A. Holzer, Textstyling & Buchproduktion, *wortfeger.ch*

Dr. Joe Dispenza, YouTube-Kanal in Deutsch
youtube.com/@drjoedispenzadeutsch
Khalil Gibran, Buch «Der Prophet», Walter Verlag
Mindflow, Tom Mögele, Buch und Seminare,
mindflowacademy.de
Sadhguru, Isha Foundation, YouTube-Kanal in Deutsch
youtube.com/c/SadhguruDeutsch
Robert Scheinfeld, Buch «Raus aus dem Geldspiel!»
Christine Szendi, Buch «Himmlische Beziehungen – Die Grundlagen wahrer Meisterschaft in Beziehungen», Flügelschlag Verlag (nur noch gebraucht erhältlich)
Gerhard Vester, Bewusstseinslehrer und Heilpraktiker, auch Einzelcoaching über Skype, *gerhard-vester.de*

Inhalt

atlantisenergie.com

Die Schamanin und Energetikerin Leilani arbeitet auf alten atlantischen Kraftplätzen auf Lanzarote für die Kundenanliegen aus aller Welt.

- energetische Reinigung
- energetisches Aufladen
- Energie-Coaching
- Ihre Lebensfrage
- Sprache des Lebens verstehen
- Shop
- Blog

Leilani ist gerne online für Sie da.

Tanja Alexa Holzer

Die buchverrückte Schweizerin ist Autorin, Texterin, Korrektorin, Buchproduzentin und Online-Unternehmerin. Seit 2008 arbeitet sie unter dem Namen Wortfeger.

Folgen Sie Wortfeger:
www.wortfeger.ch
www.facebook.com/wortfeger
www.instagram.com/wortfeger.ch
LinkedIn

wortfeger.ch